KB220625

내가 목마르다

내가 목마르다

지은이 | 정학진
펴낸이 | 원성삼
표지·본문 디자인 | 안은숙
펴낸곳 | 예영커뮤니케이션
초판 1쇄 발행 | 2024년 9월 6일
초판 2쇄 발행 | 2025년 4월 2일
등록일 | 1992년 3월 1일 제2-1349호
주소 | 03128 서울특별시 종로구 대학로3길 29, 313호(연지동, 한국교회100주년기념관)
전화 | (02)766-8931
팩스 | (02)766-8934
이메일 | jeyoung_shadow@naver.com

ISBN 979-11-89887-86-5 (03230)

본 저작물은 저작권법에 의하여 한국 내에서 보호를 받는 저작물이므로
무단 전재와 무단 복제를 금합니다.

값 11,000원

 모든 인간은 하나님의 형상을 닮은 존귀한 존재입니다. 사람은 인종, 민족, 피부색, 문화, 언어에 관계없이 모두 다 존귀합니다. 예영커뮤니케이션은 이러한 정신에 근거해 모든 인간이 존귀한 삶을 사는 데 필요한 지식과 문화를 예수 그리스도의 사랑으로 보급함으로써 우리가 속한 사회에 기여하고자 합니다.

내가 목마르다

정학진 지음

가상칠언(架上七言)

예수님이 십자가에서 하신 일곱 말씀

예영 커뮤니케이션

"그 후에 예수께서 모든 일이 이미 이루어진 줄 아시고
성경을 응하게 하려 하사 이르시되 내가 목마르다 하시니."

(요 19:28)

"그들이 다시는 주리지도 아니하며 목마르지도 아니하고
해나 아무 뜨거운 기운에 상하지도 아니하리니."

(계 7:16)

차례

| 유기성 목사(선한목자교회) |

주님께서는 "누구든지 나를 따라오려거든 자기를 부인하고 자기 십자가를 지고 나를 따를 것이니라"(마 16:24)고 말씀하셨습니다. 그런데 참 안타깝게도 '자기 십자가'가 무엇인지 정확히 아는 그리스도인이 드뭅니다. 그것은 예수님이 지신 십자가를 정확히 알지 못하기 때문입니다.

사람이 극한 고통에 처해지면 고통을 느끼는 것 외에는 아무 생각도 할 수 없다고 합니다. 예수님께서 십자가에 달리신 그 고통은 우리가 도저히 상상할 수 없는 최악의 고통이었을 것입니다. 예수님이 왜 그런 십자가에 달리셨으며, 그때 '어떤 심정이었을까?' 궁금합니다.

한번은 주님께서 십자가에 달리셨을 때, 그 느낌을 알고 싶어 예수님의 양쪽 손목에 대못이 박히는 순간을 묵상하다가 벌떡 일어나 버리고 말았습니다. 그것은 상상하는 것조차 끔찍한 일이어서 한동안 안정이 안 될 정도였습니다. 예수님이 지신 십자가는 정말 끔찍하고 무서운 것이었습니다.

그 고통의 극점에서 예수님이 일곱 마디 말씀을 하셨습니다. 그런 말씀이기에 한 말씀 한 말씀이 복음의 진수와 기독교의 진리를 담고 있는 귀하고 깊은 의미를 가졌습니다. 저는 어려서부터 예수님을 만나고 싶었습니다. 주님이 어떤 분인지 더 알고 싶었습니다. 그래서 간절히 기도했습니다. "주님, 더 알고 싶습니다." 그런 갈망을 가지고 기도하던 중에 십자가에서 예수님을 만났습니다. 바로 '십자가에서 하신 예수님의 일곱 마디 말씀'을 통해서였습니다.

'가상칠언' 설교는 목사라면 누구나 하기 원하는 설교입니다. 그러나 누구나 시도할 수 있는 설교가 아니고, 만족스러운 설교를 할 수 있는 일도 아닙니다.

그래서 정학진 목사님의 가상칠언 설교집이 너무나 귀하고 또 감사했습니다. 우선 깊은 성경 연구에서 나온 탁월한 성경 이해가 너무 은혜가 됩니다. 설득력 있는 논리와 창의적인 강해가 탁월합니다. 지금까지 읽어 보았던 '가상칠언' 강해 설교 중 가장 탁월했습니다. 십자가 복음을 일곱 편의 설교에 너무나 완벽하게 담아내었습니다.

심각한 주제임에도 부드럽게 마음에 와닿게 해 주는 적절한 인용과 유머가 좋습니다. 정학진 목사님의 독특한 영성이 너무나 잘 드러나 있습니다. 뿐만 아니라 풍부한 인문학적 지식에서 나온 예화가 설득력이 있습니다. 무엇보다 하나님의 말씀을 전하는 목회자의 신실한 자세가 너무나 존경스럽습니다.

이 설교집을 읽는 모든 그리스도인들이 예수님께서 십자가에서 하신 일곱 마디 말씀을 한마디씩 깊이 묵상하며 예수 그리스도를 더욱 깊이 만나게 되길 간절히 바랍니다. 그러면 자신이 져야 할 십자가가 무엇인지 구체적으로 깨닫게 될 것입니다.

"단순하나 압도적으로 강렬하게 세 열정이 내 삶을 지배해 왔다. 사랑에 대한 열망과, 지식에 대한 탐구, 인류의 고통에 대한 견디기 힘든 연민이다."(Three passions, simple but overwhelmingly strong, have governed my life: the longing for love, the search for knowledge and unbearable pity for the suffering of mankind 역자 주)

현대 미국의 양심이자 지성으로 불리는 '노암 촘스키' 교수의 MIT 연구실에 붙어 있는 '버드란트 러셀'의 말이다. 촘스키는 러셀의 세 가지 열정을 자신의 좌우명으로 삼고 있다고 한다.

잠시 생각해 본다. 내 삶을 뿌리째 흔들며, 강렬하게 내 영혼을 사로잡고 있는 건 무엇일까? 나는 무엇을 위해 살고 있는가. 아니 살아가야 할 것인가? 자다가도 번쩍 눈을 뜨게 만들고, 천근의 무게로 짓눌려 죽어있는 내 열정을 살아있게 흔드는 건 무엇일까? 무엇에 미쳐 살아가야 하는가?

당나라 시인이었던 '맹교(孟郊)'는 좋은 시를 쓰기 위해 칼로 자기의 눈을 찌르는 통증도 피하지 않았다. 그는 말했다. "살아서는 한가한 날 결코 없으리. 죽어야만 시를 짓지 않을 테니까." 죽기 전까지 시를 짓고 싶어 하고, 시를 위해 살았던 진짜 시인이었다. 어린 세 자식을 연달아 잃고 비탄에 빠져 있던 맹교는 '실자시(失子詩)' 또는 '곡자시(哭子詩)'를 지으며 창자 끊어지는 아픔을 이겨냈다. 이청준 선생이 쓴 『서편제』에는 아버지가 노래하는 딸에게 독약을 먹여 눈을 멀게 하는 장면이 나온다. 진짜 소리는 한(恨)에서 나오는 거라면서 딸을 장님으로 만든 것이다. 이 책은 훗날 임권택 감독이 영화로 만들었는데 그 영화를 보며 큰 충격에 빠졌었다. 내겐 그런 열정이 없었던 것이다.

나는 14살 까까머리 중학교 1학년 때 하나님을 만났다. 그때부터 내 삶은 바뀌었다. 그분이 나를 찾아오셨고 나는 그분의 종이 되었다. 벌써 수십 년 그분의 종으로 살아왔지만 아직도 어수룩하다. 종이라 하기에는 너무 건방지고, 친구라고 하기에는 초라하고, 그분의 아들이라 하기에는 함량미달이다. 무엇 하나 맘에 드는 게 없이 지금까지 하루하루 목숨 받아 살아오고 있다.

군종 장교로 있을 때 우연히 어느 신문사에 단편소설 '모탕'

이 당선되었다. 그러나 힘에 부쳐 소설 쓰기를 중단하고 시를 쓰기 시작했다. 1997년 어느 신문사와 협회가 공동주관한 신인문예에서 '바람과 깃발'로 문단에 나왔다. 그러다 2005년 한양대학교에 들어가 정식으로 문학도의 길을 걸었다. '분단작가'라고 알려진 김원일 소설가를 연구해서 박사학위를 받았다. 분단소설, 혹은 분단작가란 전 세계에서 우리나라에만 있는 단어일 것이다.

소설은 스토리를 읽는다. 담론을 읽고, 플롯과 콘텐츠를 읽는다. 시는 시인을 읽는다. 그렇다면 종교는 무엇을 읽을까? 그 종교가 있게 한, 말하자면 교주(敎主)를 읽는다. 그의 말투와 어록, 행동거지와, 가르침, 삶, 심지어는 죽음 등을 읽어낸다. 나는 만 26세에 목사안수를 받았다. 군목후보생이었기에 특혜를 입어 남들보다 일찍 안수를 받았다. 지금껏 많은 설교를 했고, 글도 많이 썼다. 여러 권 책도 냈다. 크고 작은 곳에서 초대를 받아 수많은 부흥회도 인도했다. 그러면서 꼭 한 번 연구하고 싶은 주제가 있었는데 '가상칠언'이다. 내가 섬기는 주인을 읽는 게 종교라면 그분의 삶과 마지막에 하신 십자가 위에서의 유언(架上七言)을 연구하고 싶었다. 아주 오래 전 설교를 완성했지만 최근 다시 꺼내어 손질하고 보듬어 이제 책으로 출판하게 되었다.

교회마다 최소한 1년에 한 번은 '고난주간'을 지낸다. 그러면 의례 '가상칠언' 설교를 듣게 된다. 지금도 인터넷 서점에 들어가 '고난주간' 혹은 '가상칠언'을 치면 수십, 수백 권의 책이 나온다. 같은 시간에 같은 본문을 해석하기에 거의 엇비슷하다. 그럼에도 불구하고 이 책을 쓰는데 세 권의 도움을 받았다.

먼저 유기성 목사님의 『십자가에서 만난 예수 그리스도』(위드 지저스, 2020년)다. 이 책은 크리스천들로 하여금 나의 십자가는 무엇이고, 그것을 지는 게 왜 복이며 기쁨인지를 알려준다. 어느 독자의 고백처럼 그의 글은 '가상칠언에 대한 신학적인 의미뿐 아니라 실제적 의미에 대해 이야기하고 있는 책'이다.

또 한 권은 워런 위어스비 교수의 『예수님의 마지막 일곱 말씀들』(나침반, 1983년)이다. 이 책에서 나는 많은 통찰력을 얻었다. 특히 플롯을 구성함에 있어서 도움을 받았다.

다른 책은 스승이신 원형수 목사님이 쓰신 『피리 부는 자 예수 1-3권』(신앙과지성사, 2005년)이다. 119편으로 이뤄진 이 책은 우리가 흔히 알아왔던 기독교에 대한 느긋한 상식에 호된 호기심을 불러일으킨다. 이 책을 통해서는 낯설고 생경해 보이는 성경이 삶의 한복판으로 치고 들어오는, 이른바 실존

론적 성서해석을 배울 수 있다. 이처럼 이 세 권의 책에서 특히 영감을 받았다.

허전하고 추운 글에 선뜻 옷을 입혀주시며 추천서를 써주신 유기성 목사님과 세상에 나올 수 있도록 애써주신 예영커뮤니케이션의 원성삼 대표님께도 무량 감사를 전한다. '가상칠언'을 쓰는 동안 참 행복했다. 가슴 설렜고, 밤잠을 설쳤으며, 때론 환희가 복받쳐 올랐다. 감화, 감동, 감격이 항용 떠나지 않았다. 이 글을 읽는 분들에게도 동일한 은총이 임했으면 좋겠다. 짧고 고독한 인생길에서 오늘도 나는 가슴 뛰며 살고 싶다.

아버지,
저들을 사하여 주옵소서

(눅 23:32-34)

3F

사람들이 떠나면서 남기는 말을 유언(遺言)이라 합니다. 이 유언은 일정한 요격만 갖추면 법적인 효력이 있을 만큼 중요하게 취급됩니다. 평소에 하지 못한 말을 남기기도 하고, 평생 가슴에 품어왔던 말을 하기 때문에 이 유언이야 말로 한 인간이 남기는 마지막 마음의 X-Ray일 것입니다. 우리는 떠나면서 어떤 말을 남겨야 할까요? 혹시 생각해 보신 적 있으십니까? 아니면 우리 삶을 두고 남아 있는 사람들이 어떤 이야기를 해줄까요? 본인이 남겼든, 남아 있는 사람이 남겼든 마지막 그의 묘비에 남기는 이야기에는 무수한 삶의 정황들이 담겨있습니다.

영국 작가 버나드 쇼는 스스로 묘비명을 썼습니다. 94세까지 장수했던 이 풍자의 달인도 역시 기가 막힌 말을 남기고 떠났습니다. "우물쭈물하다가 내 이럴 줄 알았다." 번역문은 맛깔스럽지만 원문은 그리 단순하지 않습니다. "I knew if I stayed around long enough, something like this would happen." 헤밍웨이는 "일어나지 못해 미안!"이라고 썼고, 스탕달은 "살았다. 썼다. 사랑했다"고 남겼습니다. "술통 밑에 묻어줘. 운 좋으면 밑동이 샐지도 몰라." 일본 선승 모리야 센얀의 것입니다. 시인 조병화는 "나는 어머님 심부름으로 이 세상에 나왔다가, 이제 어머님 심부름을 다 마치고 어머님께 돌아왔습니다." 괴짜 중광 스님은 "괜히 왔다 간다"고 했습니다. 스펄젼은 "예수님께서 날 위해 죽으셨다"고 고백하며 세상을 떴고, 감리교를 창시한 요한 웨슬리는 "세상에서 가장 좋은 것은 하나님께서 우리와 함께 하신다는 것이다" 라면서 그의 주인 품으로 돌아갔습니다. 대설교가였던 D. L. 무디는 "어둠이 물러가고 새 하늘 새 땅이 도래하도다"라며 소천(召天) 당했습니다.

이처럼 일개 범부들의 삶의 유언도 중요할진대 인류를 구원하신 우리 주님의 유언은 얼마나 중요하겠습니까?

예수님은 갈보리 산 위에서 십자가에 달려 돌아가셨기 때문에 그분의 유언은 모두 십자가에서 하신 말씀들입니다. 일곱 마디 말씀을 하셨기에 우리는 그것을 '가상칠언(架上七言)'이라고 부릅니다. '십자가 위의 일곱 말씀들'이란 뜻이지요. 사실 유언은 '누가' 하느냐와 '언제' 하느냐가 모두 중요하듯 주님의 유언(가상칠언)도 ① 말씀하신 시간 때문에 ② 말씀하신 장소 때문에 ③ 말씀하신 당사자(예수님) 때문에 중요한 것입니다.

이제 차근차근 주님의 마지막 일곱 말씀을 따라가면서 복음의 진수와 기독교의 진리를 맛보고 이 은혜의 바다에 함께 풍성히 빠질 수 있기를 소원합니다. 세 가지 F로 대별될 수 있습니다.

주님의 가상칠언 중 첫 번째 말씀입니다.

"또 다른 두 행악자도 사형을 받게 되어 예수와 함께 끌려 가니라 해골이라 하는 곳에 이르러 거기서 예수를 십자가에 못 박고 두 행악자도 그렇게 하니 하나는 우편에, 하나는 좌편에 있더라 이에 예수께서 이르시되 아버지 저들을 사하여 주옵소서 자기들이 하는 것을 알지 못함이니이다 하시더라."(눅 23:32-34)

1

'아버지!'라고 부르신 주님

Father

주님께서 십자가 위에서 하신 일곱 마디 중 세 마디는 기도입니다. 그런데 놀랍게도 첫 번째와 네 번째, 그리고 마지막인 일곱 번째 말씀이 여기에 해당됩니다. 즉 고난이 시작될 때 "아버지 저들을 사하여 주옵소서"(눅 23:34)라고 기도하셨고, 고난이 극에 달할 때에도 "나의 하나님, 나의 하나님, 어찌하여 나를 버리셨나이까"(마 27:46)라고 기도하셨으며 고난의 마지막 순간, 즉 고난을 벗어날 때에도 여전히 "아버지 내 영혼을 아버지 손에 부탁하나이다"(눅 23:46)라고 하셨던 것입니다. 참으로 놀랍게도 주님은 늘 하나님과 교통하셨고, 자신을 고난으로 밀어 넣는 그분을 향해서, 그 고통이 극에 달해 혼미한 가운데도 똑같이 기도하신 것입니다.

여기서 우리의 모습을 되돌아봅니다. 우리는 많은 경우 우리의 기도 응답을 위해 기도하는 경우가 많습니다. 그리고 기도가 응답되지 않거나 혹은 다른 방향으로 응답될 때 서운해하거나 낙심해 버리는 경우도 있습니다. 심지어 어떤 이는 그렇게 기도한 뒤 다르게 응답되었다며 하나님께 등을 돌리고 교회 공동체를 떠나버리는 경우도 있습니다.

"하나님, 이거 너무하지 않나요? 내가 얼마나 교회에서 충성했는데…" "제가 누굽니까? 이 교회 개척자라고요. 공로자인 저를 이렇게 대우하실 수 있습니까?" 이런 사람들은 무지몽매한 자들이 주님을 어떻게 대우했는지 알아야 합니다. 그 당시 율법에 능통하고 하나님의 법을 따른다고 자부했던 바리새인과 사두개인, 장로들은 예수님을 배척하고, 버렸으며, 십자가에 못을 박았습니다. 제자들은 모두 주님을 버리고 달아나 버렸습니다. 로마병사들은 그를 때리고 십자가를 지우며 능욕했을 때, 그리고 빌라도 총독은 결백을 인정했지만 비겁하게도 십자가형을 허락했을 때입니다. 심지어 성부 하나님마저 아들을 버린 듯이 보일 때 주님은 하나님을 향해 "아버지!…"라고 불렀던 것입니다.

주님은 극심한 십자가 형극 중에도 아버지 되신 하나님의 사랑을 의심하지 않았습니다. 주님이 어떻게 십자가의 고난을 승리로 이끌었을까요? 참을성이 많아서요? 아닙니다. 인내심이 강해서요? 아닙니다. 우리와 본질적으로 다른 분이라서요? 아닙니다. 주님은 그 극한의 한계상황을 "아버지여!"라고 부름으로써 이긴 것입니다. 우리도 고난당할 때 "아버지!"라고 부르면 그때 하나님께서 주시는 위로와 능력, 도움을 받을 수 있습니다. "아버지!" 라고 읊조리면 천국이 보이고, 하나님이 우리를 향해 미소 짓고 계심을 볼 수 있을 것입니다. 전적으로 아버지의 뜻에 복종하기만 하면 타인을 용서하는 능력도 받고, 자신의 마음도 치유될 수 있을 것입니다.

2

용서를 구하신 주님

Forgive them

"저들을 사하여 주옵소서"라는 오늘 주님의 기도는 더욱 놀랍습니다. 아니, 두렵기까지 합니다. 대개 이런 경우를 당하면 우리는 "저들을 심판하소서." "행한 대로 갚아 주옵소서." "주님, 내 억울함을 아시지요." 이렇게 기도할 것입니다. 그러나 역시 주님의 기도는 우리와 달랐습니다. 우리는 우리를 아프게 하는 사람들에게 불을 내려달라고 기도하고픈 때가 있습니다. 우리에게 고통을 주는 사람들을 심판해달라고 탄원할 때가 있습니다. 우리를 부당하게 대우하고, 억울하게 대하는 상대방을 향해 "저들을 사해달라"고 기도할 수 있을까요? 그러나 주님은 그렇게 하셨습니다. 따라서 우리는 주님의 모든 삶과 가르침뿐만 아니라 이런 기도도 본받아야 할 것입니다. 주님은 이 기도를 통해 세 가지를 이루셨습니다.

1) 하나님의 예언을 성취하셨습니다.

– 예언성취(豫言成就)

"그는 실로 우리의 질고를 지고 우리의 슬픔을 당하였거늘 우리는 생각하기를 그는 징벌을 받아 하나님께 맞으며 고난을 당한다 하였노라 그가 찔림은 우리의 허물 때문이요 그가 상함은 우리의 죄악 때문이라 그가 징계를 받으므로 우리는 평화를 누리고 그가 채찍에 맞으므로 우리는 나음을 받았도다."(사 53:4-5) 이사야 선지자의 예언은 계속 이어집니다. "이는 그가 자기 영혼을 버려 사망에 이르게 하며 범죄자 중 하나로 헤아림을 받았음이니라 그러나 그가 많은 사람의 죄를 담당하며 범죄자를 위하여 기도하였느니라."(사 53:12) 주님은 십자가 위에서까지도 구약의 예언을 성취하신 것입니다. 우린 고통당할 때 우리 자신만 생각하지만 주님은 하나님의 예언을 생각하셨습니다. 극한의 고난이 몰려올 때도 주님은 고통의 경감(輕減)보다 다른 이의 죄를 탕감(蕩減)하는 게 더 중요하다고 생각하신 것입니다.

2) 자신의 교훈을 실천하셨습니다.

– 교훈실천(敎訓實踐)

주님은 공생애 중 무엇을 가르치셨나요? '사랑과 용서' 그리고 '하나님의 나라'였습니다. "너희가 사람의 잘못을 용서하면 너희 하늘 아버지께서도 너희 잘못을 용서하시려니와 너희가 사람의 잘못을 용서하지 아니하면 너희 아버지께서도 너희 잘못을 용서하지 아니하시리라"(마 6:14-15) 하셨고, 심지어 '주기도문'이라고 알려진 '주님이 가르쳐 주신 기도문'에서도 "우리가 우리에게 죄 지은 자를 사하여 준 것 같이 우리 죄를 사하여 주시옵고"(마 6:12)라며 용서를 가르쳐 주셨습니다. 주님이 죽으신 시대는 로마의 황제 '티베리우스'가 지배하고 있던 때입니다. 로마인은 수많은 신들 중 복수의 신이었던 '네메시스'를 경배하고 있었습니다. 그럴 때 주님은 복수를 가르치지 아니하고 사랑과 용서를 가르치신 것입니다. 그리고 그대로 실천하신 것입니다. "아버지여, 저들의 죄를 용서하옵소서"라고 기도했고 자신이 죽어가면서까지 그 가르침을 몸소 실천하신 것입니다.

3) 죽음의 의미를 상기시켜 주셨습니다.

– 의미상기(意味想起)

주님이 이 땅에 오신 의미가 무엇입니까? 주님이 죽으신 목적이 무엇입니까? 주님을 믿는 이들의 죄를 용서해 주시기 위해서입니다. "이는 성경대로 그리스도께서 우리 죄를 위하여 죽으시고."(고전 15:3) 그러므로 이제 우리는 고통스런 죄의 기억을 가질 필요가 없습니다. 갈보리에서 주님이 우리 죄 짐을 대신 지셨기 때문입니다. 주님은 중풍병자에게 "네 죄 사함을 받았느니라"(막 2:5) 하셨고, 향유를 붓는 여인에게 "네 죄 사함을 받았느니라"(눅 7:48)라고 말씀하셨던 것입니다. 십자가는 처음부터 끝까지 '용서'란 단어에 포커스가 있었습니다.

우리는 대가없이, 공짜로 용서받았지만(롬 3:24) 하나님은 어떠셨을까요? 하나님도 공짜였을까요? 아닙니다. 백화점이나 큰 쇼핑몰에 가면 엘리베이터나 에스컬레이터를 이용합니다. 물론 모두 공짜입니다. 그러나 사용하는 우리가 공짜라고 해서 백화점 주인도 공짜일까요? 아닙니다. 엄청난 비용을 전기료와 관리비, 보수비로 지불할 것입니다. 우리가 공짜 구원을 받기 위해 하나님은 큰 대가를 치르셨습니다. 하나 밖에 없는 아들을 십자가에 죽이심으로 우리를 용서하신 것입니다. 우리 주님은 자신의 몸을 십자가에 맡기고 극한 고통에 시달리면서 우리를 용서하셨던 것입니다. 따라서 우리도 주님을 본받기 위해서 그분이 하신 이런 용서를 답습(踏襲)할 필요가 있습니다. 세상에서 가장 어려운 일이 무엇일까요? 누군가를 용서하는 일입니다. 그 누군가가 용서받지 못

할 정도의 죄를 저질렀을 때에도 그를 용서하는 일입니다.

영국 웨스트 미들랜드에 있는 '코벤트리 성당'은 멋진 곳입니다. 이전 건물은 1940년 11월 14일 밤, 독일의 공습으로 폭파당했습니다. 이날 폭격으로 1,500명의 사상자가 발생했습니다. 1962년 새 성당이 세워졌으나 건물 잔해는 그냥 남아 있었습니다. 잔해 속에 인상 깊은 글씨가 있는데 십자가 뒤쪽 벽에 세워진 두 마디 글입니다. "아버지여, 용서하소서." 이것은 그냥 드린 기도가 아닙니다. 공습으로 건물이 파괴되고, 사랑하는 사람이 괴로워하며 신음 중에 죽어갈 때 그걸 지켜보던 사람이 드린 기도입니다. 사람을 용서한다는 건 쉬운 일이 아닙니다. 그러나 주님의 이런 기도를 따라하다 보면 용서의 능력을 받을 수 있습니다.

몇 해 전 신문에 자신의 딸을 남편의 넥타이로 목 졸라 살해한 어머니의 기사가 대서특필되었습니다. 금이야 옥이야 키웠던 외동딸이 며칠간 남자 친구와 동거하다 들어오자 분을 참지 못한 어머니가 저지른 끔찍한 살인이었습니다. 그녀는 범행 직후 파출소에 자수하며 대성통곡했습니다. 자신의 과거 때문입니다. 오래전, 자신도 남편과의 섣부른 관계로 임신하게 되고 인생이 꼬이면서 딸 만큼은 잘 키워보려 했는데 딸이 똑같은 일을 행하자 분노가 폭발했던 것입니다. 어머니는 평생 자기 자신을 용서하지 못하고 있었던 것입니다. 현대는 '위장된 분노의 치유'가 필요한 시기입니다. 우리도 예수님께서 십자가 위에서 하신 말씀들을 생각하면 다른 사람뿐 아니라, 나 자신도 용서할 수 있고, 용서 뒤에 오는 진정한 기쁨도 누릴 수 있을 것입니다.

3

변호하시는 주님

For they don't know...

이제 주님은 "자기들의 하는 것을 알지 못하기 때문입니다"
라면서 그들을 변호하십니다. 예수님은 원수들을 용서하셨
고 더 나아가 그들 편에 서서 하나님을 설득하고 계신 것입
니다. 이것은 일종의 변호입니다. 왜 그들을 용서해 주셔야
만 하는지, 그들이 무지(無知) 가운데 있기에 그들을 용서해야
한다고 변호사처럼 용서할 이유를 아뢰고 있는 것입니다. 그
렇다면 그들은 무엇을 모르고 있었을까요?

1) 자신들이 못 박는 예수가 하나님의 아들이란 사실을 몰랐습니다.

그래서 그들은 주님을 마음껏 조롱하고 비웃고 몹쓸 짓을 거리낌 없이 감행한 것입니다. 유월절의 전례에 따라 빌라도가 예수님을 놓아주고자 '바라바'와 함께 세운 뒤 "내가 누구를 너희에게 놓아주기를 원하느냐?"(마 27:17)라고 물었을 때도 이들은 거침없이 바라바를 택하고 "예수를 십자가에!" 못 박으라고 소리친 것입니다. 심지어 재판이 끝난 후에는 "그의 옷을 벗기고 홍포를 입히며 가시관을 엮어 그 머리에 씌우고 갈대를 그 오른손에 들리고 그 앞에서 무릎을 꿇고 희롱하여 이르되 유대인의 왕이여 평안할지어다 하며 그에게 침 뱉고 갈대를 빼앗아 그의 머리를 치더라."(마 27:28-30) 천인공노할 짓을 행한 것은 그들이 주님을 몰랐기 때문입니다. 오늘도 예수님께서 하나님의 아들임을 모르는 사람이 얼마나 많은지 모릅니다.

2) 자신들의 행동이 구약을 성취하는 것임을 몰랐습니다.

그들은 자기들이 지금 행하고 있는 일이 범죄인 줄도 몰랐고, 게다가 구약성경의 예언을 이루고 있다는 것을 까마득히 몰랐을 것입니다. 주님의 옷을 나누어 제비 뽑으므로(눅 23:34) "내 겉옷을 나누며 속옷을 제비 뽑나이다."(시 22:18) 하는 시편의 말씀도 몰랐습니다. 신포도주를 드린 것도 마찬

가지입니다. "군인들도 희롱하면서 나아와 신 포도주를 주며"(눅 23:36) 했던 행동이 "그들이 쓸개를 나의 음식물로 주며 목마를 때에는 초를 마시게 하였사오니"(시 69:21) 하는 시편의 예언을 이루었던 것입니다. 두 행악자들 사이에 못 박혔다고 하는 누가복음 23장 33절의 말씀도 "이는 그가 자기 영혼을 버려 사망에 이르게 하며 범죄자 중 하나로 헤아림을 받았음이니라"(사 53:12)라는 예언의 성취였습니다. 심지어 "제 구시쯤에 예수께서 크게 소리 질러 이르시되 엘리 엘리 라마 사박다니 하시니 이는 곧 나의 하나님, 나의 하나님, 어찌하여 나를 버리셨나이까 하는 뜻이라"(마 27:46)는 말씀도 "내 하나님이여 내 하나님이여 어찌 나를 버리셨나이까…"(시 22:1) 하는 시편 말씀을 이루신 것이란 사실을 그들은 몰랐습니다.

이처럼 주님의 십자가 처형은 어쩌다 일어난 게 아닙니다. 하나님의 예언이 있었고 주님은 철저하게 순종함으로 그 예언을 성취하신 것입니다. 그리고 집행하던 사람들은 그런 사실을 까마득히 몰랐던 것입니다.

끝으로 알아볼 사항은, '기도의 응답' 부분입니다. 주님께서 이 기도를 드린 후에 어떤 일이 벌어졌을까요? 기도에는 반드시 응답이 있습니다. 그렇다면 주님께서 이 기도를 드리신 후에 어떤 응답이 왔을까요? 하나님께서는 주님의 이 기도에 즉각 응답하셨습니다. 주님의 요청대로 즉시 심판하지 않으신 것입니다. 자신의 아들을 십자가에 못 박아 죽이는 극악무도한 자들에게 저주를 내리지 않으신 것은 주님께서 이토록 간절하게 기도하셨기 때문입니다. 오늘 우리도 우리의 허물과 죄에 대하여 즉각적으로 심판받지 않는 것은 십자가 위에서 하신 주님의 기도 덕분입니다.

그렇다고 인류에 대한 심판이 영원히 사라진 것은 아닙니다. 잠시 유예(猶豫)되고 있을 뿐입니다. 회개할 기회를 얻기 위해, 죄인일지라도 주님께 돌아오기만 하면 살려주시려고 기다리시는 것입니다. "너는 그들에게 말하라 주 여호와의 말씀이니라 나의 삶을 두고 맹세하노니 나는 악인이 죽는 것을 기뻐하지 아니하고 악인이 그의 길에서 돌이켜 떠나 사는 것을 기뻐하노라 이스라엘 족속아 돌이키고 돌이키라 너희 악한 길에서 떠나라 어찌 죽고자 하느냐 하셨다 하라."(겔 33:11) 이것이 하나님의 속마음입니다. 누구도 멸망하지 않고 회개하고 영생을 얻는 것, 이를 위해 심판이 늦춰지고 있습니다. 하나님의 자비 가운데 심판이 연기(Delay)되고 있다는 말씀입니다. 이는 주님께서 "자기의 하는 것을 알지 못하기 때문입니다"라고 기도하셨기 때문입니다.

그러나 그 연기가 영원히 계속되지는 않을 것입니다. 주님께서 이렇게 기도하시지 않았으면 우리는 벌써 심판받았을 것입니다. 그러므로 우리가 회개하고 주님을 믿는다면 주님은 우리 모두에게 사유의 은총을 주실 것입니다. 우리들도 용서의 능력을 받아 남과 나를 용서함으로 하나님의 뜻을 이루는 삶 되기를 주님의 이름으로 축복합니다. 아멘.

가상칠언 2

오늘 네가 나와 함께
낙원에 있으리라

(눅 23:39-43)

누구나 예수님을 믿으면 구원(救援) 받습니다. 다른 말로 거듭남(重生)을 경험합니다. 거듭남의 체험은 사람마다 다릅니다. 나는 중학교 1학년 겨울방학 때, 그러니까 14세 되는 해에 거듭남을 체험했습니다. 주님께서 내 삶에 찾아오심으로 그분을 영접했고 전혀 다른 사람이 되었습니다. 사도 바울은 예수 믿는 사람을 잡으러 '다마스커스'로 가다가 강한 빛을 보고 말에서 떨어졌습니다. 그리고는 주님의 음성을 듣고 주를 체험하기에 이릅니다. 어떤 사람은 평생 모태신앙이라 뭐든지 '못해'라며 투덜대기도 하지만 그런 이들에게도 중생의 기적은 있습니다. 또 다른 이에게는 여기 십자가 위의 강도처럼 놀랍고 극적인 체험을 하기도 합니다. 오늘은 십자가 위에서 주님께서 하신 두 번째 말씀을 3C로 은혜를 나누고자 합니다.

"달린 행악자 중 하나는 비방하여 이르되 네가 그리스도가 아니냐. 너와 우리를 구원하라 하되 하나는 그 사람을 꾸짖어 이르되 네가 동일한 정죄를 받고서도 하나님을 두려워하지 아니하느냐 우리는 우리가 행한 일에 상당한 보응을 받는 것이니 이에 당연하거니와 이 사람이 행한 것은 옳지 않은 것이 없느니라 하고 이르되 예수여 당신의 나라에 임하실 때에 나

를 기억하소서 하니 예수께서 이르시되 내가 진실로
네게 이르노니 오늘 네가 나와 함께 낙원에 있으리라
하시니라."(눅 23:39-43)

1

행악자 사이에 세워진 십자가
Cross between Criminals

먼저 생각해 볼 문제는 왜 주님을 행악자들과 함께 세워서 공개처형 했을까 하는 점입니다.

왜 이들은 주님을 흉악한 자들과 함께 세웠을까요? 우연히 된 일일까요? 아니면 서로 위로받게 하려고 세운, 일종의 죄수들에 대한 '배려'였을까요? 그도 아니라면 세 명을 한꺼번에 처형함으로써 시간과 비용을 절감하려는 단순한 목적이 있었을까요? 아니면 옛날 유신 시절, 민주화 운동을 하는 지도자나 양심수들을 간첩 명단에 슬그머니 끼워 넣어 발표함으로써 사람들의 판단을 흐리게 하듯, 흉악범 사이에 주님을 끼워 넣음으로써 정치적 목적을 이루려 한 것이었을까요? 마치 "예수가 구세주라고? 여길 보라. 너희가 그토록 따르던 그 예수가 사실은 행악자들 틈에 끼어 죽어가고 있지 않느냐? 이 모습을 똑바로 보고 생각을 바꾸어라" 하는 정치적 목적도 있었을지 모릅니다. 그러나 행악자들 사이에 주님이 달리신 것은 악한 자들이 모르는 놀라운 뜻이 있었던 것입니다.

1) 예언을 성취하신 예수님

전술(前述)했듯 주님의 십자가 사건은 우연히 된 일이 아닙니다. 어찌어찌 하다보니까 재수 없어 걸려든 일이 아니었던 것입니다. 이것은 예언의 성취였습니다. "이는 그가 자기 영혼을 버려 사망에 이르게 하며 범죄자 중 하나로 헤아림을 받았음이니라"(사 53:12)는 성경말씀을 이루려 이런 일이 행해진 것입니다. 그날 해골 골짜기에는 하나님의 아들을 음해하는 사악한 영도 있었지만, 반면 강력한 하나님의 영도 역사하셨습니다. 사람들은 자신들이 무엇을 하는지 모르고 행동했으나 결과적으로 오래전 예언을 그들 스스로 성취하고 있었던 것입니다. "내가 내 말을 지켜 그대로 이루겠다"(렘 1:12)는 하나님의 뜻이 사람들을 통해 이루어진 것입니다.

2) 죄인을 구원하기 위해 오신 예수님

주님의 모든 삶은 인간구원에 초점이 맞춰져 있습니다. 주님은 인간을 구원하시기 위해 이 땅에 오셨고, 사셨으며 죽으셨던 것입니다. 주님의 모든 일거수일투족이 인간구원과 연결되어 있음을 알 때 놀라지 않을 수 없습니다. 주님의 탄생도 죄인을 구원하시기 위함입니다. "아들을 낳으리니 이름을 예수라 하라 이는 그가 자기 백성을 그들의 죄에서 구원할 자이심이라 하니라."(마 1:21) 주님의 삶 또한 그랬습니다. "인자가 온 것은 섬김을 받으려 함이 아니라 도리어 섬기려하고 자기 목숨을 많은 사람의 대속물로 주려 함이니라."(마 20:28) 주님은 이 땅에 섬기기 위해 오셨고, 많은 사람의 대속물로 자신의 목숨을 주기 위해 오셨다고 말씀했습니다. 마찬가지로 그렇게 탄생했고, 그렇게 사셨던 주님은 결국 인간의 구원을 위해 죄인들과 '함께' 죽으셨고, 죄인들을 '위해' 죽으신 것입니다.

3) 행악자에게 구원받을 기회를 주신 예수님

주님의 십자가 곁에는 두 명의 행악자가 함께 달렸습니다. 아주 우연히 된 일 같지만 그들에게도 구원받을 절호의 찬스가 남아 있었습니다. 주님은 그들에게도 마지막 기회를 주고 계셨던 것입니다. 요한복음에 따르면 주님의 머리 위에 '나사렛 예수, 유대인의 왕'이라고 쓴 패가 붙어 있었다고 합니다(요 19:19). 이것은 총독 빌라도가 써서 붙인 것입니다. 그는 양심의 가책을 덜기 위해 패를 써서 붙였지만, 하나님은 마지막 순간까지 죄인을 구원하시기 위해 이 패를 사용하셨습니다. 성경의 증언에 의하면 주님은 행악자들 중간에 위치해 있었으므로 이들은 서로 대화하려면 가운데 계신 주님을 볼 수밖에 없었고, 그렇다면 이 패를 여러 번 봤을 것입니다.

그들은 주님이 십자가 위에서 하신 첫 번째 말씀인 "아버지 저들을 사하여 주옵소서 자기들의 하는 것을 알지 못함이니이다"(눅 23:34)를 분명히 들었을 것입니다. 그들은 주님 바로 곁에서 주님의 모습과 거친 숨소리, 지친 걸음걸이, 피로 찌든 가시면류관, 죄인에 대한 용서의 기도를 들었을 것입니다. 주님께서 십자가를 짊어지고 걸어가실 때, 골고다에 도착해서 십자가에 누울 때, 손과 발목에 못이 박힐 때, 허공에 높이 달릴 때… 거친 숨을 몰아쉬면서도 타인을 위해 기도하는 소리를 들었을 것입니다. 아마도 큰 충격을 받았을 것입니다. 자신을 향해 어마어마한 폭력을 가하는 사람을 위해 기도하다니요.… 게다가 그의 머리맡에 붙은 죄 패도 심상치 않았을 것입니다. 그들이 이 패를 보았으므로 한 행악자는 조롱했습니다. "네가 그리스도가 아니냐 너와 우리를 구원하라."(눅 23:39) 그러나 다른 행악자는 전혀 다른 생각과 판단을 했습니다. 그는 예수님을 메시아로 보고 있었을지 모릅니다. 그래서 용기 내어 고백합니다. "당신의 나라에 임하실 때에 나를 기억하소서"(눅 23:42)라고 간청했고 구원받았습니다.

세상에서 우연히 구원받은 사람은 없습니다. 군병들도 몰랐고, 주님의 뒤를 따라온 여인들도 몰랐으며, 심지어 행악자 자신도 몰랐지만 하나님은 그를 구원시키기 위해 갈보리 산 십자가에까지 기회를 허락하셨던 것입니다. "… 오직 주께서는 너희를 대하여 오래 참으사 아무도 멸망하지 아니하고 다 회개하기에 이르기를 원하시느니라."(벧후 3:9) 디모데는 말합니다. "하나님은 모든 사람이 구원을 받으며 진리를 아는 데에 이르기를 원하시느니라."(딤전 2:4) 이처럼 하나님은 '모든' 사람이 구원받길 원하시는 데 행악자라고 예외일 수는 없었습니다.

2

행악자의 고백
Confession of Criminal

그렇다면 행악자에게 눈을 돌려 봅시다. 행악자는 재수가 좋아서 구원받았을까요? 구원받을 만한 자격과 조건이 되었나요? 예전에 성경공부를 인도하던 중 어떤 새신자가 말했습니다. "나는 이 행악자가 부럽습니다. 그는 살아생전 하고 싶은 짓 다 하고, 마지막 순간에 주님을 만나고, 구원까지 받았으니 일석삼조(一石三鳥) 아닙니까? 꿩 먹고, 알 먹고, 둥우리 불 때고… 이 자는 참으로 땡 잡은 자입니다." 우리는 한참을 웃었습니다. 정말 이 자는 행운을 잡은 자일까요? 그는 어쩌다 구원받은 행운아일까요?

1) 하나님을 두려워한 행악자

본문을 보면 그는 함께 못 박혀 예수님을 비난하는 동료에게 말합니다. "그러나 다른 하나는 그를 꾸짖으며 말하였다. "똑같은 처형을 받고 있는 주제에, 너는 하나님이 두렵지도 않느냐?"(눅 23:40 표준새번역) 즉, 자기 자신은 똑같은 처형을 받고 있지만 하나님이 두렵다는 것입니다. 하나님을 두려워하는 삶! 이것이야말로 신앙의 출발점 아닐까요? 수십 년 교회를 다니고 크리스천의 이름표를 달고 다니면서도 온갖 나쁜 짓을 다하며 사는 것은 겉으로는 하나님을 믿노라 하면서도 실제 속으로는 하나님을 부인하며 사는 '무늬만 신자'일 것입니다. 그들이 이렇게 행동하는 것은 하나님을 두려워하지 않기 때문입니다. 그러나 본문에 나오는 이는 비록 행악자일지라도 하나님을 두려워한다고 본인 입으로 고백하고 있습니다.

2) 자신의 죄를 아는 행악자

그는 하나님의 존재를 의심하는 불가지론자(不可知論者)나 신의 존재를 부인하는 무신론자(無神論者)가 아닙니다. 그는 오늘 본문에서, 자기의 실존을 적확하게 알았던 사람입니다. "우리는 우리가 행한 일에 상당한 보응을 받는 것이니 이에 당연하거니와."(눅 23:41) 그는 자기가 누구인지 알았습니다. 자신이 지금 당하고 있는 고통은 자신의 죄에 대한 대가임을 고백하고 있습니다. 그는 자신과 동료는 벌을 받아 마땅한 사람이라고 고백합니다. 즉 자신이 죄인임을 자백한 것입니다. 오늘날 현대인의 비극은 자신이 길을 잃은 존재라는 걸 깨닫지 못하는 데에서 시작합니다. 자신은 의인이라고 착각하는 사람들이 많아서 비극이 생겨나고 있습니다. 세상에는 두 종류의 사람이 살아갑니다. 자신이 길을 잃었다는 사실을 아는 사람과, 그 사실 자체를 모르는 사람입니다. 본문의 행악자는 자신이 길을 잃은 사람이란 것을 잘 알고 있었기에 기회가 온 것입니다.

3) 예수님의 무오성(無誤性)을 고백한 행악자

그가 자신의 죄를 고백하자 예수님이 보였습니다. 비록 자신들과 같이 유죄판결을 받고 피로 찌든 십자가 위에서 고통받고 있지만 주님을 죄 없으신 분으로 고백합니다. 즉 주님의 무오성(無誤性)을 공개적으로 고백한 것입니다. "이 사람이 행한 것은 옳지 않은 것이 없느니라."(눅 23:41) 이런 자리에서, 이런 상황에서, 이런 고백을 하는 것은 정말이지 기적과도 같은 일입니다. 행악자는 이런 고백을 했던 용기 있는 사람이었습니다.

4) 사후 세계를 의탁한 행악자

행악자는 마침내 이런 간구로 그의 이야기를 맺습니다. "이르되 예수여 당신의 나라에 임하실 때에 나를 기억하소서."(눅 23:42) 그는 짧은 순간이지만 예수님을 진심으로 믿었습니다. 그러기에 이런 간구를 할 수 있었던 것입니다. 그의 이런 청원은 상대를 구세주로 믿지 않고는 할 수 없는 고백입니다. "예수여, 당신의 나라에 임하실 때에…"란 말은 예수님의 나라, 즉 예수님께서 통치하시는 나라에서 자신을 기억해달라고 요청한 것입니다. 이것은 대단한 믿음입니다. 그래서 우리는 행악자를 어쩌다 운이 좋아서 구원받은 사람으로 여길 수 없습니다. 그는 우연히 구원받은 게 아닙니다. 구원받을 만한 충분한 믿음을 지닌 사람이었고 하나님께서 그를 그 자리로 이끄신 것입니다.

5) 비아냥과 조롱의 한복판에서 고백한 행악자

끝으로 이 행악자가 분명한 믿음의 고백을 하고 구원받은 상황을 생각해 보도록 하겠습니다. 이 행악자는 근사한 자리에서 주님께 간구한 것이 아닙니다. 그 자리는 극악무도한 사형수들이 처형 받는 '사형 집행장'입니다.

게다가 주님은 영광스럽고 권위 있는 모습이 아니라 자신들과 똑같은 모습으로 유죄판결을 받고 처형되는 일종의 '사형수'였습니다. 그런 사형수를 향해, 바리새인과 사두개인들, 율법학자들과 장로들도 모두 등 돌리고 비난하고 조롱하는 그 배신과 오욕의 한복판에서 이렇게 자신의 신앙을 공개적으로 고백할 수 있다는 것은 대단한 믿음입니다.

그는 평소에 예수님을 잘 알지 못했을 것입니다. 주님을 잘 알았다면 그렇게 살았을 리 없습니다. 그러나 그는 작은 정보를 가지고도 예수님을 구세주로 고백했습니다. 그는 예수님의 기적을 본 적도 없고, 멋진 산상수훈 같은 설교를 들은 적도 없었습니다. 그를 향해 "보라, 세상 죄를 지고 가는 하나님의 어린 양이로다"(요 1:29)라고 외치는 세례요한 같은 위대한 선지자의 외침을 들은 적도 없었습니다. 그런데도 이렇게 고백하고 있습니다. 그래서 그는 더욱 위대한 사람입니다. 만일 이 행악자가 젊어서 예수님을 만났거나, 갈릴리에서 주님을 만나 베드로나 요한처럼 제자가 되었다면 엄청나게 위대한 인물이 되었을지도 모를 일입니다. 그는 충분히 구원받을 만한 사람이었기에 하나님께서 마지막까지 이런 기회를 만드신 것입니다.

3

주님의 부르심
Calling of the Lord

행악자가 자신의 죄를 고백하고 주님을 믿고 구원을 간구했을 때 그는 자신이 기대한 것보다 훨씬 큰 것을 받았습니다. "예수여, 당신의 나라에 임하실 때에 나를 기억하소서"(눅 23:42)라며 기억만이라도 해달라고 요청했는데 주님은 그에게 "오늘 네가 나와 함께 낙원에 있으리라"(눅 23:43)시며 엄청난 복을 주셨습니다. 영국 버킹검을 구경만 하게 해달라고 요청했는데 소유권을 넘겨버린 격입니다. 주님이 행악자에게 하신 말씀을 통해 구원에 관한 여러 진리를 알아보겠습니다.

1) 구원의 독특성

행악자는 구원받을 만한 자격이 없었습니다. 그의 말대로 '자신이 행한 상당한 보응'으로 처형된 것입니다. 그런데 주님은 그에게 특별한 은혜를 베푸셨습니다. 아무런 조건 없이 그를 구원하신 것입니다. 이처럼 구원은 받을만한 가치가 있어서 구원하는 것이 아닙니다. 누구도 자신의 공로나 선행으로 구원받을 수 없습니다. 그래서 사도 바울은 "너희는 그 은혜에 의하여 믿음으로 말미암아 구원을 받았으니 이것은 너희에게서 난 것이 아니요 하나님의 선물이라 행위에서 난 것이 아니니 이는 누구든지 자랑하지 못하게 함이라"(엡 2:8-9)라고 말씀했습니다. 구원은 하나님의 선물입니다. 구원받기 위해 선행을 하거나, 율법을 지킬 필요가 없습니다. 행악자에게 그럴 시간도 없고, 의미도 없습니다. 지금 그에게 필요한 것은 하나님의 은혜뿐이었던 것입니다.

2) 구원의 확실성

"내가 진실로 네게 이르노니."(눅 23:43) 구원은 추측이나 막연함 기대감, 혹은 개연성이 아닙니다. 주님은 그에게 확실하게 구원을 말씀하고 계십니다. "누구든지 주의 이름을 부르는 자는 구원을 받으리라."(행 2:21) 하나님의 말씀은 확실한 약속 위에 서 있습니다. "아들이 있는 자에게는 생명이 있고 하나님의 아들이 없는 자에게는 생명이 없느니라."(요일 5:12) 복음은 그럴듯한 가능성이 아닙니다. 그럴 수 있다는 개연성도 아닙니다. 이것은 반드시 '그렇게 된다'는 정언명령(定言命令)입니다. 주님께서 말씀하셨기 때문에 확실한 것입니다.

3) 구원의 현재성

행악자는 "당신의 나라에 임하실 때에…"라며 나중에 될 일을 요구했지만 주님께서는 "오늘(현재)…"라며 미래를 현재로 바꾸어 주십니다. 구원은 그때까지 기다릴 필요가 없습니다. 지금 '당장' 구원해 주십니다. 구원은 과정이 아닙니다. 체계적인 순서에 따라 단계적으로 구원받는 것이 아니라 예수님을 믿을 때 하나님의 능력으로 경험하는 영적 체험입니다. 영적으로 거듭나야 합니다. 영적으로 성장해야 합니다. 주님은 먼 미래가 아니라 '오늘', '여기'에서 구원하시며 우리를 부르고 계십니다.

4) 구원의 개별성

주님께서 행악자에게 "네가"라고 말씀하십니다. '너희들이' 아니라 '네가'입니다. 구원은 철저하게 개인적입니다. 부모의 믿음이 좋다고 자녀가 자동적으로 구원받는 것이 아닙니다. "오늘 네가…" 하나님은 우리를 개별적으로 사랑하십니다. 예수님은 우리들 한 사람 한 사람을 위해 돌아가셨습니다. 우리를 한데 묶어 '떨이'로 취급하거나 매스(mass)로 대우하지 않으십니다. 개개인을 최고 소중한 존재로 여기십니다.

5) 구원의 유일성

구원은 예수님께만 있습니다. "나와 함께 낙원에 있으리라."(눅 23:43) 이것이 구원입니다. 구원은 유대인이 위대하게 생각한 모세 안에 있지 않습니다. 시내 산에서 받은 율법 안에 있는 것도 아닙니다. 다윗에게 있는 것도 아닙니다. 다윗은 위대한 인간이지만 피조물인 왕에 불과했습니다. "서울 가는 길이 많듯 천국 가는 길도 여러 가지다"라고 다원주의자(多元主義者)들은 주장합니다. 이런 말에 귀 기울이면 안 됩니다. 새빨간 거짓말입니다. 천국은 사람이 만든 인간의 도시가 아닙니다. 하나님이 만드셨고 오직 한 길로만 갈 수 있습니다. "예수께서 이르시되 내가 곧 길이요 진리요 생명이니 나로 말미암지 않고는 아버지께로 올 자가 없느니라."(요 14:6)

결론적으로 행악자는 어쩌다 구원받은 것이 아닙니다. 우연히 주님과 십자가 처형을 받게 되어 구사일생으로 구원받은 것이 아닙니다. 그를 구원시키려 하나님은 갈보리 산 위에서까지 기회를 주셨습니다. 이 강도가 예전에 주님을 만났더라면 인류 역사에 획을 그은 위대한 인물이 되었을지도 모릅니다. 꼭 그렇게 되었을 것만 같습니다. 따라서 우리는 이런 행악자를 부러워하지 말고 우리에게 많은 기회가 주어져 있음을 감사하면서 남은 삶을 사명의 삶으로 살아가기를 주님의 이름으로 축복합니다. 아멘.

여자여,
보소서 아들입니다

(요 19:25-27)

흔히 하는 말 중에 "결혼식은 부모 손님, 장례식은 아들 손님"이란 말이 있습니다. 또한 "장례식은 고인의 인생 성적표"라는 말도 있습니다. 한 인간이 태어나 평생을 살다가 떠나는 날, 남아 있는 자들이 떠나는 자를 어떻게 예우하느냐 하는 것이 장례식에 투영되기 때문입니다. 아무리 사랑한다고 말하고, 온갖 아양을 다 떨어도 부모의 장례식에 와보지 않는다면 그 자식을 어떻게 효성스런 자녀라고 할 수 있겠습니까?

주님께서 지상에서의 삶을 마치시고 십자가 위에 달려 죽으실 때 마지막까지 임종을 지켰던 사람은 누구였을까요? 우리는 흔히 생각하기를 살아생전 큰 은혜를 입었거나, 잊을 수 없는 혜택을 본 사람일 거라 여깁니다. 그러나 희한하게도 그런 사람은 마지막에 곁에 있지 않았습니다. 베데스다 연못가에 있던 38년 된 병자라든지, 귀신 들렸다가 고침 받은 거라사인의 광인(狂人), 혹은 죽은 지 나흘이나 되었다가 주님의 능력으로 살아난 나사로나, 나인성 과부의 아들 정도는 모습을 보일만도 하지 않겠습니까? 그런데 그날 골고다 주변에는 그런 인물은 코빼기도 보이지 않았습니다. 물론 "내가 주와 함께 죽을지언정 주를 부인하지 않겠나이다"(마 26:35) 하고 호언장담했던 베드로마저 보이지 않았습니다. 다른 모든 제자도 마찬가지였습니다.

그날 그곳에 있던 사람들은 누구였을까요? 사형을 집행하던 로마병사와 백부장이 거기에 있었습니다. 이들은 자신들의 직업 때문에 있었습니다. 대제사장들과 서기관과 장로들, 즉 유대 지도자들도 거기 있었습니다. 이들은 주님의 십자가 처형을 직접 지켜보는 것이 목적이었을 것입니다. 수많은 군중들도 그날 거기에 있었습니다. 이들은 대부분 호기심 반, 적개심 반 성향을 가진 사람들이었습니다. 어떤 이들은 마지막 순간까지 주님을 조롱하고 공격했습니다. "지나가는 자들은 자기 머리를 흔들며 예수를 모욕하여 이르되 성전을 헐고 사흘에 짓는 자여 네가 만일 하나님의 아들이어든 자기를 구원하고 십자가에서 내려오라 하며 그와 같이 대제사장들도 서기관들과 장로들과 함께 희롱하여 이르되 그가 남은 구원하였으되 자기는 구원할 수 없도다 그가 이스라엘의 왕이로다 지금 십자가에서 내려올지어다 그리하면 우리가 믿겠노라."(마 27:39-42)

그러나 그곳에는 네 명의 여인들과(주님의 어머니 마리아, 주님의 이모인 살로메, 막달라 마리아, 글로바의 아내 마리아) 주님이 가장 사랑했던 제자 요한이 있었습니다. "예수의 십자가 곁에는 그 어머니와 이모와 글로바의 아내 마리아와 막달라 마리아가 섰는지라 예수께서 자기의 어머니와 사랑하시는 제자가 곁에 서 있는 것을 보시고 자기 어머니께 말씀하시되 여자여 보소서 아들이니이다 하시고 또 그 제자에게 이르시되 보라 네 어머니라 하신대 그때부터 그 제자가 자기 집에 모시니라."(요 19:25-27) 이들은 단장(斷腸)의 비애를 느끼며 그곳을 떠날 수 없었습니다. 평소 주님을 사랑했기 때문입니다. 그러면 그들에게 있어 십자가는 어떤 것이었을까요? 네 명 모두에게 십자가는 각기 다른 의미로 다가왔을 것입니다.

1

살로메에게 십자가는 질책

Rebuke

그녀는 마리아의 동생이자 예수님의 이모입니다. 세배대의 아내로 야고보와 요한의 어머니입니다. 기억하시나요? 그녀는 주님께 와서 자기 아들들을 위해 인사 청탁을 했던 인물입니다. "그때에 세배대의 아들의 어머니가 그 아들들을 데리고 예수께 와서 절하며 무엇을 구하니 예수께서 이르시되 무엇을 원하느냐 이르되 나의 이 두 아들을 주의 나라에서 하나는 주의 우편에, 하나는 주의 좌편에 앉게 명하소서."(마 20:20-21) 그때 주님이 말씀하셨습니다. "너희는 너희가 구하는 것을 알지 못하는도다 내가 마시려는 잔을 너희가 마실 수 있느냐? 그들이 말하되 할 수 있나이다."(마 20:22) 주님의 질문에 그들은 선뜻 할 수 있다고 대답했습니다. 그때는 그게 무엇을 의미하는지 알지 못했을 것입니다. 그들의 이 고백대로 야고보는 가장 먼저 순교했고(행 12:1-2), 요한은 평생 고통과 핍박 속에 살았습니다. 그들의 이날 대답은 그대로 이루어졌습니다. 예수님의 이모인 살로메는 지금 십자가에 달리신 예수님을 보면서 무슨 생각을 하고 있을까요? 바로 그날 자신이 했던 그 청탁이 생각나 견디기 힘들었을 것입니다. 인터뷰를 진행한다면 그녀는 이렇게 했을 것입니다.

"나는 십자가를 보며 질책(Rebuke)받고 있습니다. 이기심과 어리석음 때문입니다. 나는 두 아들이 주님의 나라가 생길 때 개국공신이 되어 좌, 우편에 앉아 영광을 누리길 원했습니다. 그러나 나는 지금 보좌가 아니라 십자가에 달리신 주님을 보고 있습니다. 이전의 어리석음 때문에 부끄러워 견딜 수 없습니다." 만약 우리도 이기심 때문에 기도했거나 신앙생활을 하고 있다면 부끄러워해야 마땅합니다.

오늘 우리는 그녀와 다릅니까? 그녀의 기도는 이기적이고 무지한 기도인데 우리는 어떻습니까? 오늘도 살로메의 기도를 반복하고 있지는 않은지요? 우리가 십자가에 달리신 주님의 고통을 생각한다면 지금 하고 있는 기도를 계속할 수 있을까요? 주님이 그토록 많은 고통을 당하셨는데 어떻게 편안한 삶을 요구할 수 있을까요? 주님은 우리를 살리기 위해 목숨을 버리셨는데 우리는 잘되게 해 달라고 기도하고 있지는 않습니까?

하나님은 자신의 백성들에게 영광을 주고 싶어 하십니다. 그리고 언젠가 우리는 그 영광을 받아 누리게 될 것입니다. 그러나 영광을 받아 누리는 것이 신앙생활의 목표가 되어서는 안 됩니다. 나중에 주어질 테지만 그것이 목적이 될 순 없습니다. 영광을 누리기 위해 고통의 터널을 통과해야 합니다. "NO Cross, No Crown!"
"참으면 또한 함께 왕 노릇 할 것이요 우리가 주를 부인하면 주도 우리를 부인하실 것이라."(딤후 2:12)

2

막달라 마리아에게 십자가는 부활

Resurrection

그날, 주님이 십자가에 달릴 때 막달라 마리아도 있었습니다. 그녀가 누구일까요? 그렇습니다. 우리가 알고 있던 바로 그 사람입니다. 주님께서 일곱 귀신 들려 고통당하던 막달라 마리아를 해방시켜 주셨습니다(눅 8:2). 부활한 것입니다. 그녀는 말만 사람이지 사람이 아니었습니다. 사랑하는 이들은 모두 떠났고, 가정에서도 천덕꾸러기로 전락했을 것입니다. 그녀가 나타나면 모두 그녀를 피했고, 그녀는 죽지 못해 사는 인생이었습니다.

그러던 그녀가 예수님에게 고침 받았습니다. 다시 인간이 된 것입니다. 예수님을 향한 그녀의 감격과 기쁨, 감사가 얼마나 컸겠습니까? 3년간이나 따라다녔던 제자도 배신하고 떠난 절망의 한복판에서 그녀는 예수님과 함께할 수 있었습니다. 예수님을 믿으면 어두움에서 빛으로, 사망에서 생명으로, 사탄의 능력에서 하나님의 능력으로, 저주가 축복으로, 절망이 소망으로, 지옥이 천국으로 변한다는 것을 그녀는 체험을 통해 알고 있었습니다. 그래서 그녀는 고침 받은 후에도 자신의 욕망만을 채우고 떠난 수많은 사람처럼 그렇게 사라지지 않았습니다. 그녀는 '자기들의 소유'로 주님을 섬겼고(눅 8:2-3) 십자가 가까이 갔었으며(요 19:25) 심지어는 주님께서 부활하신 날 아침, 무덤에까지 달려갔던(막 16:9) 의리(義理)의 여인입니다.

의리? 그렇습니다. 저는 지금 우리가 사용하는 그 흔한 단어를 쓰고 있습니다. 그 의리가 하나님을 향할 때 신앙(信仰)이 되고, 사람을 향할 때는 신뢰(信賴)가 되며, 자신에게 향할 때는 충성(忠誠)이 됩니다. 그녀는 구원받은 사실을 머리로만 생각하거나 가슴으로만 느끼지 않고 처음부터 끝까지 실천했던 여인이었습니다.

그녀에게 구속은 결코 값싼 구원이 아닙니다. 값비싼 구원입니다. 주님이 마리아를 사탄의 세력에서 해방시킬 때, 말로 만 한 것이 아니었습니다. 대가 없이, 희생 없이 하지 않으셨 습니다. 엄청난 대가를 지불했습니다. 자신의 생명을 대신 내놓으신 것입니다. 그녀의 부활은 주님의 죽음을 통해 이뤄 진 것입니다. "이제 이 세상에 대한 심판이 이르렀으니 이 세 상의 임금이 쫓겨나리라 내가 땅에서 들리면 모든 사람을 내 게로 이끌겠노라 하시니 이렇게 말씀하심은 자기가 어떠한 죽음으로 죽을 것을 보이심이러라."(요 12:31-33) 막달라 마리 아는 부활하기 위해 주님이 값비싼 대가를 치르시는 것을 십 자가 가까이에서 지켜봐야만 했습니다.

2015년 5월 5일 대전신학대 3학년이었던 김수석 씨는 북서 부 아프리카 대서양 연안의 작은 나라인 '감비아'로 단기선교 를 떠났습니다. 연초에 군대에서 전역한 후 단기선교사 경험 을 하기 위해 한 달간의 교육을 마친 후 '컴미션'이 운영하는 감비아의 웨스트 아프리카 미션(WAM) 센터로 배치되었습니 다. 사건이 발생한 것은 그달 11일. 김 씨는 WAM 소속 청소 년들과 감비아의 칸통 해변을 찾았는데 한창 물놀이를 하던 아이사투(20·여)와 리디아(17·여)가 파도에 휩쓸렸습니다. 허우 적대는 두 사람을 보고 김 씨는 바다로 뛰어들었습니다. 먼 저 리디아를 육지 쪽으로 밀어내 구했습니다. 이후 아이사투 에게로 향하던 순간 파도가 덮쳤고, 안간힘을 썼지만 이미 탈진한 상태라 둘은 거친 파도를 헤치고 나오지 못했던 것입니다. 지인들은 김 씨를 '신실한 청년'이라고 묘사했습니다. 그가 출석한 충남 강경중앙장로교회 담임목사는 "김 씨는 부모의 신앙교육을 토대로 성장했고, 교회에서 아동부 교사와 찬양단원으로 섬겼다"며 "그가 자라온 모습을 지켜 본 교회 성도들은 같은 심정으로 애통해 하고 있다"고 말했습니다. 그의 희생으로 살아난 아프리카 학생(리디아)은 평생 자신을 위해 대신 죽은 한국 청년의 이름을 잊지 못할 것입니다.

누군가 살리면 누군가 죽어야 합니다. 앞의 누군가는 여러분이고 뒤의 누군가는 예수님입니다. 막달라 마리아가 십자가 곁에 서 있는 것은 놀랄 일은 아닙니다. 그녀는 구원의 감격을 경험했기에 끝까지 주님의 곁을 지켰습니다. 그녀에게 십자가는 '구원의 정표'이고, 갈보리는 '구원의 장소'요, '부활의 장소'였기 때문입니다.

3

요한에게 십자가는 책무

Responsibility

요한에게 있어 십자가는 책무(責務)입니다. 사명입니다. 어머니를 돌봐야 하는 맏아들인 예수님 대신 그녀를 집에 모셔왔기 때문입니다. 이건 예수님의 부탁이자 명령이었습니다. 사실 예수님은 상황이나 조건을 다스릴 수 있는 능력이 있으셨습니다. 그러나 자신을 위해서는 그렇게 하시지 않았습니다. 하나님의 뜻에 복종하고 하나님의 뜻에 따라 살기를 원하셨기 때문입니다. 여러분, 요한이 어떤 사람입니까? 요한은 겟세마네 동산에서 다른 제자들처럼 예수님을 버리고 도망갔습니다. 재판 받으실 때는 두려워서 곁에 서지도 못했습니다.

주님은 고통 중에 매를 맞고, 죽임 당하고, 양떼는 흩어져 버렸는데, 그는 두려워서 떠났던 사람입니다. 그런 그가 회개하고 십자가로 돌아와 주님 곁에 다시 섰습니다. 이제 용서받고 회복된 것입니다. 얼마나 죄스러웠을까요? 얼마나 미안했을까요? 그런데 그런 배신자에게 주님은 다시 중요한 임무를 맡기고 있습니다. "보라 네 어머니라." 이 한 마디 속에 얼마나 많은 의미가 담겨있는 줄 아십니까? 내가 너를 용서한다.… 다시 돌아오느라 얼마나 힘들었니.… 내가 널 얼마나 사랑하는지 알지.… 나는 너를 이미 용서했단다.… 이런 말이 모두 이 한마디 말 속에 들어있습니다. 마치 외출에서 돌아온 어머니가 비싼 도자기를 깨서 울고 있는 아들에게 말합니다. "다친 데는 없니? 밥은 먹었니?" 이 한 마디는 이미 아들을 용서했다는 의미가 담겨있습니다. "보라 네 어머니라." 이 한 마디 속에 이미 그를 향한 주님의 애정과 사랑이 담겨있습니다.

우리도 길 떠나 방황할 수 있습니다. 베드로처럼 부인할 수 있습니다. 순종하지 않을 때도 많습니다. 그러나 주님께 돌아와 그분께 구하기만 하면 용서하시는 주님을 만날 수 있습니다. 요한은 용기와 사랑으로 주님께 돌아왔고 주님은 그런 그를 받아주셨습니다. 회복시켜 주신 것입니다. "만일 우리가 우리 죄를 자백하면 그는 미쁘시고 의로우사 우리 죄를 사하시며 우리를 모든 불의에서 깨끗하게 하실 것이요."(요일 1:9) 주님은 그를 용서하시고 회복시켜 주셨습니다. 게다가 그에게 '사명'까지 주신 것입니다. 사명을 받은 것은 하나님의 복입니다. 우리 같은 죄인에게 일을 맡기심 자체가 신뢰요 사랑의 표현인 것입니다. 십자가는 책무의 자리입니다. 우리는 비록 부족하지만 성령님을 통해 맡기신 사명을 감당할 수 있습니다.

4

어머니 마리아에게 십자가는 회복

Recover

십자가 곁에 있던 사람들 중에 누가 가장 가슴 아팠을까요? 요한과 여성들 모두 아팠겠지만 그중에서도 마리아의 가슴은 찢어졌을 것입니다. 군대 간 아들이 옷만 부쳐 와도 엄마는 그 옷을 붙잡고 통곡하는 법이거든요. 자신이 보는 앞에서 배 아파 낳은 큰아들이 죽어갈 때 어머니의 심정은 어땠을까요? 시멘트에 머리를 찧고, 하늘을 향해 미친 듯 소리치고, 길바닥을 뒹굴며 부르짖어도 그 아픔, 그 절통함을 표현할 수 있을까요? 게다가 그토록 착한 아들이 범죄자 중 하나로 헤아림을 받고 형장에 달려 죽어가다니요.… 그런데 본문을 자세히 읽어보면 그런 마리아가 침묵하는 것을 볼 수 있습니다. 이런 아이러니가 또 있을까요? 왜 어머니 마리아는 십자가에 달린 아들 앞에서 침묵했던 것일까요? 몇 가지 이유가 있을 것입니다.

1) 용기가 없어서일까요?

아닙니다. 아들의 죽음 앞에서 모든 어머니는 강합니다. 옛날 5공 시절 반정부 데모할 때 가장 극렬하게 저항한 단체는 '민가협(민주화실천가족운동협의회)'입니다. 정부는 이 단체를 가장 두려워했습니다. 85년 12월 결성된 이 단체에는 민주화운동으로 자식을 잃거나 양심수들의 어머니들이 가입되어 있는데 박종철 군이나 이한열 군의 어머니도 있었습니다. 이들은 두려움이 없습니다. 세상의 어느 어머니가 아들의 죽음 앞에서 무서운 게 있을까요?

2) 사랑하지 않아서일까요?

어불성설입니다. 마리아만큼 예수님을 사랑한 사람이 어디 있습니까? 마리아가 갓난아기 예수님을 안고 성전에 갔을 때 선지자 시므온이 축복하고 말했습니다. "시므온이 그들에게 축복하고 그의 어머니 마리아에게 말하여 이르되 보라 이는 이스라엘 중 많은 사람을 패하거나 흥하게 하며 비방을 받는 표적이 되기 위하여 세움을 받았고, 또 칼이 네 마음을 찌르듯 하리니…"(눅 2:34–35) "비방을 받는 표적"이라거나 "칼이 네 마음을 찌르듯 할 것이라"는 시므온의 예언을 누가복음은 '축복'이라 표현하고 있습니다. 마리아는 평생 칼이 마음을 찌르는 고통을 받아왔습니다. 그래도 그녀는 아들에 대한 신뢰와 애정을 포기하지 않았습니다.

3) 그럼 왜일까요?

그녀는 왜 아들이 처형되는 부당함 속에서도 침묵했을까요?
이 침묵은 매우 중요한 침묵입니다. 그녀는 자신의 아들이 바로 하나님의 아들이란 것을 알고 있었기 때문입니다. 비록 아들이 처참하게 죽어가지만 거짓 증언할 수는 없었던 것입니다. 그녀가 십자가 밑에서 흑흑거리며 숨죽여 우는 것은, "예수가 하나님의 아들이다"라고 소리치는 것보다 훨씬 큰 힘이 있었습니다. 보통의 어머니라면 울부짖고, 타인을 저주하고, 법정대응하고, 살려달라고 호소했을 것입니다. 마리아는 예수님이 십자가에서 풀려나도록 증언할 수 있는 유일한 사람입니다. 고관대작들을 찾아가 "내가 그의 어머니다. 누구보다 그에 대해 잘 안다. 내 아들을 풀어 달라. 아직도 철이 없어 모르고 한 짓이니 용서해 달라"고 호소할 수 있는 사람입니다. "내 아들이 하나님의 아들이라고 말한 것은 잘못이다. 심신미약 상태에서 저지른 허언(虛言)이니 그를 풀어 달라"고 요청할 수 있는 사람입니다. 그러나 그녀는 그렇게 하지 않았습니다. 만약 그렇게 했다면 유대인은 그의 어머니의 증언을 빌미로 예수님이 거짓말쟁이라는 것을 증명할 기회를 잡았을 것입니다. 그러나 그녀는 지금 침묵하고 있습니다. 왜냐하면 예수님이야말로 하나님의 아들이자 세상을 구원할 구세주임을 그녀는 분명히 확신하고 있었기 때문입니다.

그녀에게 있어 갈보리는 '회복의 장소'입니다. 평생을 "칼이 마음을 찌르듯" 두려움과 고통 속에 살아온 자신에게 주님은 떠나시면서 가장 사랑했던 제자를 아들로 주셨기 때문입니다. 예수님은 흐느끼고 있던 그녀를 바라보았고 그녀에게 자신의 사랑을 확인시켜 주었습니다. "여자여, 보소서. 아들입니다." 예수님은 사랑하는 어머니께 드릴 것이 없었습니다. 마지막 남은 옷도 군병들이 나눠 가져갔습니다. 가장 사랑한 어머니에게 가장 사랑한 제자를 아들로 주시며 그녀를 회복시켜 주셨습니다. 주님은 우리가 흘리는 눈물을 그냥 보고만 계신 분이 아닙니다. 지금이나 훗날 진리를 위해 흘리는 눈물을 보상해 주시고 회복시켜 주시는 분입니다.

이처럼 주님의 십자가는 모두에게 다른 의미였습니다. 우리에게 십자가는 어떤 의미입니까? 어떤 의미여야만 하겠습니까?

가상칠언 4

엘리 엘리 라마 사박다니

(마 27:45-49)

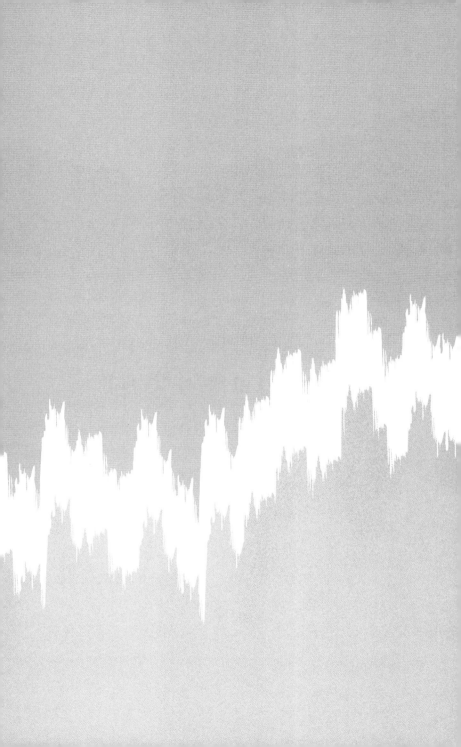

십자가형은 동서고금을 막론하고 인간이 만들어낸 처형 가운데 가장 잔인하고 고통스런 것으로 알려져 있습니다. 고대 근동 지방에서 극악무도한 죄인을 처형하는 방법이 셋 있었는데, 첫째는 갓 잡은 소가죽으로 죄인을 묶어 고사(枯死)시키는 방법입니다. 부드러웠던 소가죽이 시간이 지남에 따라 구두나 혁대같이 딱딱해져서 결국 죄인의 몸을 옥죄게 되고 이로 인해 질식사시키는 처형입니다. 둘째는 죄인과 갓 죽은 시체를 꽁꽁 묶은 뒤 지하실이나 웅덩이에 던져놓아 죽이는 방법입니다. 죽은 시체에서 썩어가는 곰팡이와 균들이 날아와 죄인의 오장육부와 피부를 썩게 만들어 죽이는 방법입니다. 그리고 마지막 처형이 가장 잔인한데 사람을 십자가에 묶은 뒤 허공에 매달아 죽이는 방법입니다. 십자가에 끈으로 묶거나 못을 박아 고정시킨 뒤 미리 파놓은 구덩이에 세우면 그곳에 달린 죄인은 물과 피를 다 쏟은 뒤 결국 탈진해서 죽는 처형입니다.

어떤 죄수는 명이 길어 일주일 동안 십자가에 매달려 있었다고 합니다. 용케 운이 좋아 파닥거리며 살아 있으면 매나 독수리가 날아와 산 채로 머리통이나 눈을 파먹었다고 합니다. 이 처형은 페르시아 시대 성행했는데 페르시아인들은 대지를 신성하게 여겨서 죄인의 피가 대지를 더럽혀선 안 된다는 믿음으로 이런 처형을 시행했습니다. 고대 문서에 따르면 이 벌을 받은 사형수는 처형이 너무 고통스러워 집행자에게 뇌물을 주면서 자신이 십자가에 달리면 빨리 죽여달라고 부탁했다고 합니다. 이게 바로 십자가입니다. 다름 아닌 우리 주님께서 이 잔인한 십자가에서 우리를 위해 죽으신 것입니다.

주님이 십자가에 달려 하신 일곱 마디 말씀 중 첫 번째와 네 번째, 그리고 마지막 일곱 번째는 '기도'라고 말씀드렸습니다. 그럼 그 중간에 있는 말씀들은 무엇일까요? 두 번째와 세 번째는 타인에게 하신 말씀입니다. 두 번째는 행악자에게, 세 번째는 어머니와 제자 요한에게 하셨습니다. 다섯 번째와 여섯 번째는 자기 자신에게 하신 말씀입니다. 다섯 번째로 "내가 목마르다" 하셨고, 여섯 번째로 "다 이루었다" 하셨습니다. 일곱 마디는 이런 구조를 하고 있습니다.

게다가 일곱 말씀 중 누가복음과 요한복음에 각각 세 말씀이 기록하고 있고, 마태와 마가는 오직 한 마디 말씀만 기록되어 있는데 중복된 본문입니다. 이렇게 복음서의 기록이 편중된 이유는 무엇일까요? 애석하게도 여기에 대해 설명하는 신학자는 드뭅니다. 그러나 조심스럽게 추측하건대 요한은 십자가 밑에까지 갔던 장본인이었기 때문에 가상칠언 중 자세하게 세 마디를 기록할 수 있었고, 의사였던 누가는 직업의 특성상 환자의 병 고침과 죽음까지 관여했기 때문에 자세하게 기록된 것이 아닌가 생각됩니다. 어땠거나 주님께서 십자가에 달려 하신 일곱 마디 말씀 중 네 번째입니다.

십자가에서 하셨던 주님의 세 말씀은 그리 놀라운 것은 아닙니다. 예측 가능하기 때문입니다. 처음 말씀인 "아버지, 저들을 사하여 주옵소서"(눅 23:34)는 주님은 용서를 위해 오셨고, 용서를 가르치셨으며, 용서를 위해 죽으셨습니다. 둘째 말씀인 행악자에 대한 '구원선포'도 이상한 것이 아닙니다. 예수님은 인류를 구원하시려 오셨고 행악자 뿐 아니라 창녀, 세리 등도 구원하셨습니다. 셋째 말씀인 제자 요한과 어머니에게 주신 말씀도 그리 이상할 것은 없습니다. 십계명 중 다섯 번째 계명인 효도하라는 율법을 이루신 말씀이기 때문입니다.

그러나 네 번째 말씀은 놀랍습니다. "제 육시로부터 온 땅에 어둠이 임하여 제 구시까지 계속되더니 제 구시쯤에 예수께서 크게 소리 질러 이르시되 엘리 엘리 라마 사박다니 하시니 이는 곧 나의 하나님, 나의 하나님, 어찌하여 나를 버리셨나이까 하는 뜻이라 거기 섰던 자 중 어떤 이들이 듣고 이르되 이 사람이 엘리야를 부른다 하고 그중의 한 사람이 곧 달려가서 해면을 가져다가 신 포도주에 적시어 갈대에 꿰어 마시게 하거늘 그 남은 사람들이 이르되 가만 두라 엘리야가 와서 그를 구원하나 보자 하더라."(마 27:45-49) 이것은 참으로 신비스럽기까지 합니다. 그날 십자가가 세워진 골고다 언덕 위에서는 무슨 일이 있었던 것일까요? 여기에는 최소 세 가지 신비가 있습니다. 세 가지 S로 특징지어 살펴보겠습니다.

1

비밀스러운 어둠
Secret Darkness

우선 어둠의 신비가 놀랍습니다. 육시(정오)부터 구시(오후 3시)까지 온 땅에 어둠이 내렸습니다. 3시간 동안이나 세상이 어두워진 것입니다. 이 기사는 세 복음서 모두 동일하게 증언하고 있습니다(마 27:45 ; 막 15:33 ; 눅 23:44). 이것은 설명이 불가능한 초자연적인 어둠입니다. 잠깐 동안의 일식이나 모래태풍이 아닙니다. 음력 보름이 다 된 시각이었으므로 월식(月蝕)은 가능하나 일식(日蝕)은 불가능한 때였습니다. 이것은 독생자가 십자가에 달려 있을 때 하늘의 하나님이 보내신 초자연적인 암흑 현상이었습니다. 그렇다면 왜 그런 어둠을 보내셨을까요? 이 어둠은 과연 어떤 의미가 있는 것일까요?

1) 피조물에게 임한 어둠

창조주가 십자가에서 죽어갈 때 피조물들도 모두 암흑 속에 휩싸여 그와 함께 고통받았습니다. 자연은 모두 눈에 보이지 않게 네트워킹되어 있습니다. 처음 인류가 죄를 지었을 때, 모든 피조물이 '함께' 저주를 받았습니다. "아담에게 이르시되 네가 네 아내의 말을 듣고 내가 네게 먹지 말라 한 나무의 열매를 먹었은즉 땅은 너로 말미암아 저주를 받고 너는 네 평생에 수고하여야 그 소산을 먹으리라."(창 3:17) 아담은 일용할 양식을 구하려고 구슬땀을 흘려야 했고, 하와는 아이를 임신하고 출산하는 고통을 당했으며, 땅은 엉겅퀴를 내었습니다. 모든 피조물이 하나님께 순종했지만 인간만이 불순종함으로써 만물이 함께 저주받았습니다.

누군가 그러더군요. 지구상에 인간만 없으면 지상낙원이 될 거라고 말이지요. 한 사람의 범죄로 인해 온 인류가, 아니 지구 생태계 안에 있는 모든 존재가 고통 받고 있는 형국입니다. "피조물이 다 이제까지 함께 탄식하며 함께 고통을 겪고 있는 것을 우리가 아느니라."(롬 8:22) 온 세상을 구원하기 위해 창조주께서 스스로 십자가에 달리셨고, 온 피조물은 이 고통에 동참하기 위해 암흑 속에 휩싸여 고통당한 것입니다.

"곧 한 사람의 범죄를 인하여 많은 사람이 죽었은즉 더욱 하나님의 은혜와 또한 한 사람 예수 그리스도의 은혜로 말미암은 선물은 많은 사람에게 넘쳤느니라."(롬 5:15) 예수님은 타락한 인간 뿐 아니라 피조물도 회복시켜 주시기 위해 돌아가신 것입니다.

2) 유월절(逾越節) 직전의 어둠

이 어둠은 그냥 온 것이 아닙니다. 하나님께서 보내신 것입니다. 왜냐하면 어둠도 하나님이 지으신 피조물이기 때문입니다. "나는 빛도 짓고 어둠도 창조하며 나는 평안도 짓고 환난도 창조하나니 나는 여호와라."(사 45:7) 에스겔 당시 세계 최강이었던 애굽의 멸망을 예언하신 구절에서도 하나님은 어둠을 내리시는 분입니다. "하늘의 모든 밝은 빛을 내가 네 위에서 어둡게 하여 어둠을 네 땅에 베풀리로다 주 여호와의 말씀이니라."(겔 32:8) 십자가의 어둠은 엄숙한 암흑입니다. 정의로운 자가 부정한 자를 위해 죽고, 순결한 하나님의 어린 양이 죄인들을 위해 피 흘린 사건은 역사 속에서 가장 엄숙한 사건입니다.

유대 역사에 가장 엄숙한 순간은 언제일까요? 하나님께서 이스라엘을 구원하실 때 열 가지 재앙을 내리셨습니다. 마지막 재앙이 애굽의 장자를 죽이는 것입니다. 그러나 하나님은 이스라엘을 구원하시려 장자 대신 어린 양을 죽게 하심으로 유월절(逾越節)이 시작되었습니다. 유월절 양이 희생되기 전, 애굽에 삼일 동안 암흑을 보내셨습니다(출 10:21-23). 십자가 위에서 어린 양이 세상 죄를 지고 죽기 직전에도 암흑을 보내셨습니다. 삼 일간 애굽을 짓누르던 암흑은 세 시간 동안 '온 땅'에 덮이게 되었습니다. "하나님이 죄를 알지도 못하신 이를 우리를 대신하여 죄로 삼으신 것은 우리로 하여금 그 안에서 하나님의 의가 되게 하려 하심이라."(고후 5:21) 우리를 하나님의 의가 되게 하려고 주님을 유월절 희생양으로 삼으신 것입니다.

2

고독하신 주님

Solitary Lord

더 위대한 신비는 예수님께서 십자가 위에서 느꼈을 고독입니다. 하나님의 아들이 그 아버지에게서 버림받은 것입니다. 복음서의 기록을 잘 살펴보면 예수님은 십자가에 못 박히기 전부터 점점 더 버림받고 더 고독해졌습니다. 가룟 유다가 먼저 그를 배반하고 떠났고, 열한 제자 중 베드로, 야고보, 요한을 데리고 겟세마네 동산에 가서서 기도할 때는 모두 잠들어 버렸습니다. 급기야 예수님이 동산에서 붙잡혔을 때에는 모두가 그를 버리고 도망쳤습니다. 아무도 그의 곁에 남아 있지 않았습니다. 그러나 기실 모두가 떠났지만 하나님 아버지만은 함께하셨습니다. "보라 너희가 다 각각 제 곳으로 흩어지고 나를 혼자 둘 때가 오나니 벌써 왔도다 그러나 내가 혼자 있는 것이 아니라 아버지께서 나와 함께 계시느니라."(요 16:32) 주님은 혼자 있을 때가 온다는 사실을 알고 계셨습니다. 그러나 그런 순간이라 해도 혼자가 아니라 하늘 아버지께서 함께하신다는 것 또한 확신하고 계셨습니다. 그랬던 주님이 이렇게 부르짖다니요. 하늘 아버지가 가장 필요한 때는 정작 십자가 위에서가 아닙니까? 그러나 십자가 위에서는 그 아버지까지도 예수님을 혼자 내버려 두신 것입니다. 십자가 위에서 구세주가 느꼈을 고독감, 그 아픔, 과연 이해할 수 있는 것입니까?

그렇다면 왜 예수님은 버림받았을까요? 하나님으로부터 버림받았다고 느끼셨던 이유가 무엇일까요? 우리의 죄 때문입니다. 우리 죄를 없애기 위해 하나님은 아들을 외면하셨고, 주님은 그 느낌을 생생하게 가지셨던 것입니다. "하나님께 버림받았다"고 했는데 엄밀히 말하면 "외면당하신 것"입니다. "버린 것이 아니라 외면하신 것"입니다. 피로 찌든 십자가 위의 아들을 보고 마음이 약해져 구하셨다면, 아들은 구했을지 모르나 죄 속에 있던 우리를 구원하실 수는 없었을 것입니다. 그래서 하나님은 얼굴을 돌리시고 귀를 닫아 버리신 것입니다. 엄밀히, 아주 엄밀히 말한다면 하나님은 어떤 경우에도 우리를 버리시지 않습니다. 이게 우리 고백입니다. 우리가 설혹 그렇게 느낀다손 쳐도 하나님은 우리를 버리시는 법이 없습니다.

창세기에는 비슷한 기사가 나옵니다. "야곱이 브엘세바에서 떠나 하란으로 향하여 가더니 한 곳에 이르러는 해가 진지라 거기서 유숙하려고 그곳의 한 돌을 가져다가 베개로 삼고 거기 누워 자더니."(창 28:10-11) 야곱은 형을 속인 대가로 아버지의 집을 떠나 외삼촌 라반이 사는 하란으로 가는 길입니다. 한 곳에 이르러 저녁 어스름이 오자 잠자리를 준비했습니다. 성경은 "해가 졌다"고 표현합니다. 그러나 엄밀히 말하면 해는 지지 않습니다. 발 딛고 선 지구가 움직인 것이지요. 그럼으로 자전과 공전이 생기는 것이니까요. 해는 늘 그대로인데 우리가 자전하고, 공전하면서 "해가 졌다"고 말합니다. 하나님은 늘 그 자리에 계시는데 우리가 등 돌리고, 떠나면서 "하나님이 보이지 않는다"고 불평합니다. 하나님은 늘 그 자리에 계시는데도 말입니다.

요셉이 애굽에서 고난을 당할 때에도 하나님은 그와 함께하셨고, 다니엘이 바벨론에서 포로생활을 할 때에도 하나님은 그와 함께하셨습니다. 다윗이 엔게디 황무지를 떠돌며 사울의 칼끝을 피할 때에도 하나님이 함께하셨고, 바울이 유대인들에게 사십에 하나 감한 매를 다섯 번 맞고, 세 번 태장으로 맞고, 돌로 맞을 때도 함께하셨습니다.

그런데 그런 하나님이 자기 아들이 십자가에 달리셨을 때에는 애써 그를 외면해 버리셨습니다. 당신 자녀라면 누구라도 버리시지 않는 하나님이지만 유독 당신 아들에게만큼은 얼굴을 돌리셨던 것입니다. 왜요? 이유는 하나입니다. 우리를 구원하시려 아들을 죽이신 것입니다. 우리를 홀로 두지 않으시려 끔찍한 외로움을 경험하게 하신 분입니다. 우리를 살리려 십자가 처형을 당하게 하신 것입니다. 이로써 주님은 '상처 입은 치유자'(The Wounded Healer)가 되셨습니다.

3

어리석은 사람들

Stupid People

오늘 본문의 마지막 이야기는 십자가 주변에 있던 사람들에 관한 이야기입니다. 이들의 무지(無知)입니다. 예수님이 어떤 분인지, 그들을 위해 무엇을 하고 계신지를 보고, 들으면서도 아무것도 몰랐던 것입니다. 주님의 십자가는 거룩한 지성소에 세워진 것이 아니라, 시끄러운 길가, 두 행악자 사이에 세워졌습니다. 주님은 유월절 기간에, 명절을 지키려고 예루살렘에 올라온 수많은 유대교 순례자들과 여러 민족들로 붐비는 저잣거리에서 가장 바쁜 시간에 죽으신 것입니다. 로마 병사들도 십자가 주위에 있었고, 성경의 전문가였던 랍비나 율법사, 학자들도 거기 있었지만 아무도 몰랐습니다. 이것은 아이러니하게도 신비한 일입니다.

1) 성경에 눈 먼 사람들

이들은 유대 율법에 정통하고 모세 오경을 꿰뚫고 있는 사람들이었지만 "나의 하나님, 나의 하나님, 어찌하여 나를 버리셨나이까?" 하는 주님의 외침이 시편 22편 1절에서 인용되었음을 몰랐습니다. 시편의 이 글은 대적들에게 둘러싸여 버림받았다고 느꼈던 다윗왕의 외침입니다. 그러나 계속 시편을 읽어가다 보면 성령의 인도하심을 받은 다윗이 장차 오실 메시아의 수난 장면을 그리고 있습니다. "나는 벌레요 사람이 아니라 사람의 비방거리요 백성의 조롱거리니이다 나를 보는 자는 다 나를 비웃으며 입술을 비쭉거리고 머리를 흔들며 말하되 그가 여호와께 의탁하니 구원하실 걸, 그를 기뻐하시니 건지실 걸 하나이다."(시 22:6-8) 놀라운 다윗의 시는 계속됩니다. "내가 내 모든 뼈를 셀 수 있나이다 그들이 나를 주목하여 보고 내 겉옷을 나누며 속옷을 제비 뽑나이다."(시 22:17-18)

확실히 이 구절은 다윗이 성령의 감동을 받아(행 2:28-31) 주님의 십자가 고통을 예언한 것이라는 견해가 지배적입니다. 골고다의 빛과 어둠을 묘사하고(시 22:2) 믿지 않는 자들의 조롱과(시 22:6-8) 못 박히는 육체적인 고통과(시 22:14-16) 그가 견뎌야 했던 수치와 치욕(시 22:17), 옷을 제비뽑는 것(시 22:18), 전혀 희망 없는 것 같은 상황(시 22:19-21)을 그렸습니다. 그 자리에 있었던 유대의 종교 지도자들은 주님의 이 외침이 어디서 인용된 것인지를 알았어야 했지만 어리석게도 몰랐습니다. 이들은 어둠 속에 있었기 때문입니다.

2) 자신의 죄에 눈 먼 사람들

이들은 눈이 멀었습니다. 자신의 죄에 눈이 멀었습니다. 베드로는 이런 죄인들에게 외치고 있습니다. "너희가 거룩하고 의로운 이를 거부하고 도리어 살인한 사람을 놓아 주기를 구하여 생명의 주를 죽였도다 그러나 하나님이 죽은 자 가운데서 그를 살리셨으니 우리가 이 일에 증인이라 … 형제들아 너희가 알지 못하여서 그리하였으며 너희 관리들도 그리한 줄 아노라."(행 3:14-15,17) 그래서 그들은 "엘리야가 와서 구해 주나 보자…." 하고 비웃었습니다. 참으로 어리석은 사람들입니다. "이렇게 많은 표적을 그들 앞에서 행하셨으나 그를 믿지 아니하니."(요 12:37) 자기가 하는 것을 진짜 알지 못한 어리석은 사람들입니다.

3) 구세주에 눈 먼 사람들

예언이 눈앞에서 성취되고 있었지만 이들은 그것을 보지 못했습니다. 예수님이 엘리야를 부른다고 착각한 것입니다. 엘리야는 유대인이 크게 존경하고 기다리던 인물입니다. 말라기서에 보면 "그가 아버지의 마음을 자녀에게로 돌이키게 하고 자녀들의 마음을 그들의 아버지에게로 돌이키게 하리라"(말 4:6)고 했습니다. 그래서 메시아가 오시기 전, 엘리야가 먼저 와야 할 것이라 여겼던 것입니다. 그러나 주님은 엘리야를 부르지 않으셨습니다. 시편 22편 1절을 생각하신 것입니다. 그들이 눈을 떴다면 메시아를 알아보았을 것입니다. 그러나 그들은 거기에서 엉뚱한 결론을 끄집어냅니다. 사탄이 죄인들의 눈을 멀게 하여 예수 그리스도의 영광을 보지 못하게 만들어 버렸기 때문입니다. "만일 우리의 복음이 가리었으면 망하는 자들에게 가리어진 것이라 그중에 이 세상의 신이 믿지 아니하는 자들의 마음을 혼미하게 하여 그리스도의 영광의 복음의 광채가 비치지 못하게 함이니…"(고후 4:3-4)

이들은 왜 하나님의 아들을 알아보지 못했을까요? 자신의 편견 때문입니다. 교만과 이기심 때문입니다. 자신만의 안경을 끼고 있으면 진리를 못 봅니다. 그래서 거듭난 바울 사도에게 먼저 일어났던 일은 눈에서 비늘이 벗겨지는 일이었습니다. 그리스도의 십자가는 얼마나 역설적입니까? 주님은 우리에게 빛을 주시기 위해 암흑을 견뎌내셨습니다. 우리가 하나님께 나아갈 수 있도록 하나님에게 버림 받으셨습니다. 우리에게 자유를 주시려고 고통당하시고, 진리를 알게 하시려고 몸소 죽으신 것입니다. 그러나 주님은 영원히 어둠 속에 머물지 않으셨습니다. 3시간이 지난 후 그는 승리하셨고 "다 이루었다"고 선포하신 것입니다. "세상에서는 너희가 환난을 당하나 담대하라 내가 세상을 이기었노라"(요 16:33)고 외치신 주님을 본받아 우리도 날마다 승리하시길 소망합니다. 아멘.

내가 목마르다

(요 19:28)

3S

오늘 말씀은 가상칠언 중 가장 짧은 말씀입니다. "내가 목마르다." 그리스 원문으로는 4개의 철자요, 한 단어입니다. 우리는 이 짧은 말씀을 통해 주님의 인간적인 모습 뿐 아니라 우리를 얼마나 사랑하셨는지를 알 수 있습니다.

저는 예수님의 일생을 세 가지로 표현하고 싶습니다. 인자로 오신 예수님, 종으로 순종하신 예수님, 그리고 죄인들을 위한 구세주가 되신 예수님으로 나눠서 말씀드리고 싶습니다. 이 세 가지 제목을 편의상 3S로 쓰겠습니다.

"그 후에 예수께서 모든 일이 이미 이루어진 줄 아시고 성경을 응하게 하려 하사 이르시되 내가 목마르다 하시니."(요 19:28)

1

인자(*Son of Man*)로
오신 예수님

한국 감리교회에서 고백하는 '감리교 교리적 선언'은 8조항
으로 되어 있는데 그중 두 번째는 이렇습니다. "우리는 하나
님이 육신으로 나타나사 우리의 스승이 되시고, 모범이 되시
며, 대속자가 되시고, 구세주가 되시는, 예수 그리스도를 믿
으며." 여기서 '스승'이 되시며 '모범'이 되신다는 말이 이채롭
습니다. 예수님은 우리가 도저히 닮을 수 없는, 어떤 영적 존
재가 아니라 우리와 같은 성정(性情)을 지니시고 인간의 본질
(本質)을 소유하신 분이기에 스승과 모범이 되시는 분입니다.
그렇기에 당연히 우리가 닮아갈 수 있는 것입니다. 저는 오래전부터 이 표현을 참 좋아했습니다. 예수님은 인간을 구원하시기 위해 하늘 보좌를 박차고 이 땅에 내려와 실제 인간이 되셨습니다. 출생과 성장, 굶주림과 목마름, 우울과 분노, 유머와 고통과 죽음까지 우리가 지닌 오감(五感)과 함께 인간적인 감정을 모두 가지신 분입니다.

오늘날 자유주의 신학자는 주님의 신성(神性)을 부인하는 경향이 있습니다. 그들은 주님을 위대한 현자나 혁명가 정도로 국한시키려 합니다. 그러나 옛날 초대교회 신학자들은 주님의 인성(人性)에 의문을 제기했습니다. 희랍 철학에 영향을 받은 이원론은 선과 악, 이데아(Idea)와 물질(Matter), 천사와 악마, 절대자와 하등신(下等神, demiourgos) 등을 나눴습니다. 희랍철학에 영향을 받은 기독교 이단 중에 영지주의(Gnosticism)가 있는데 이들은 "믿음이 아닌 지식으로 구원받는다"고 주장했습니다. 악과 죄가 팽만한 이 세상을 지극히 거룩하신 절대자 하나님이 창조하셨을 리 없기에 한 단계 밑의 존재인 하등신이 만든 것이라 주장했습니다.

이들은 거룩하신 하나님은 인간의 몸을 입고 이 세상에 오실 수 없다고 했습니다. 따라서 이들은 주님의 성육신(成肉身, Incarnation)을 부정하고, 주님이 세상에 사실 때 가졌던 육체는 진짜 육체가 아니라 잠시 빌렸을 뿐이라고 주장했습니다.

십자가에 달리셨을 때는 전지전능한 하나님이었기에 고통을 느끼지 않으셨고, 십자가 뒤에서 웃고 계셨다고 주장하기에 이르렀습니다. 이를 가현설(假現設 도케티즘(Docetism)이라고 합니다. 도케티즘을 제일 먼저 말한 사람은 120년경에 살았던 '바실리데스'였는데 이것은 당시 만연되어 있던 이단사상입니다.

이런 잘못된 사상에 올바른 가르침을 주려고 기록된 책이 요한복음입니다. "말씀이 육신이 되어 우리 가운데 거하시매 우리가 그의 영광을 보니 아버지의 독생자의 영광이요 은혜와 진리가 충만하더라."(요 1:14) 여기서 "말씀이 육신이 되셨다"는 것과 "우리 가운데 거하신다"는 말은 이들의 논리에 정면으로 맞서는 주장입니다. 요한일서에서는 더욱 강력한 말씀이 나옵니다. "이로써 너희가 하나님의 영을 알지니 곧 예수 그리스도께서 육체로 오신 것을 시인하는 영마다 하나님께 속한 것이요 예수를 시인하지 아니하는 영마다 하나님께 속한 것이 아니니 이것이 곧 적그리스도의 영이니라 오리라 한 말을 너희가 들었거니와 지금 벌써 세상에 있느니라."(요일 4:2-3)

주님은 마리아의 몸을 빌려 갓난아이로 태어나 성장하셨습니다. 박혁거세 이야기와 같이 단순한 신화로 꾸며진 게 아닙니다. 주님은 우리와 같은 분입니다. 연약함과 열정, 속상함과 분노, 기쁨과 슬픔… 단 하나만 없고 모두 다 같습니다. 죄만 없으십니다. 아니 숫제 죄를 알지도 못하신 분입니다. "하나님이 죄를 알지도 못하신 이를 우리를 대신하여 죄로 삼으신 것은 우리로 하여금 그 안에서 하나님의 의가 되게 하려 하심이라."(고후 5:21) 주님은 신성(神性)도 있고 인성(人性)도 있지만 죄성(罪性)은 없으신 분입니다. 그러기에 주님은 골고다 위에서 엄청난 고통을 경험하셨습니다. 주님이 고통당하신 것은 당연한 일이 아닙니다. 여러분과 나 같은 죄인들, 쓸모없고 무익한 자들을 위해 인자가 되어 이 땅에 오셔서 대신 죽으신 것입니다.

2

종(*Servant of God*)으로
순종하신 예수님

예수님께서 십자가 위에서 "내가 목마르다" 하신 것은 당연한 일입니다. 십자가에 못 박히면 몸에 있던 체액이 다 빠져나가기에 심한 목마름을 느낀다고 합니다. "내가 부르짖음으로 피곤하여 나의 목이 마르며 나의 하나님을 바라서 나의 눈이 쇠하였나이다."(시 69:3) 이것은 다윗이 지은 시입니다. 예수님보다 약 1천 년 전에 살았던 다윗은 어떻게 메시아의 고난을 알았을까요? 정말 놀라운 일입니다. "그들이 쓸개를 나의 음식물로 주며 목마를 때에는 초를 마시게 하였사오니."(시 69:21) 왜 주님은 "내가 목마르다." 하셨을까요?

1) 실제로 목이 마르셨기 때문입니다.

전술했듯 주님도 우리와 같은 인간 육체의 본질과 한계를 모두 가지신 분이기에 실제로 목이 마르셨을 것입니다. 이 말은 바꾸어 말하면, 주님은 우리의 아픔과 고통을 다 체험하셨으므로 우리에게 동정(同情)을 느끼실 수 있습니다. 또한 우리가 아파할 때 도우실 수 있는 것입니다. 우리에게 무엇이 부족하고, 어떤 아픔이 있는지를 다 아시므로 필요한 은총을 주시고, 해결해 주시고, 때론 함께 아파하시는 것입니다.

2) 순종하시기 위해서입니다.

오늘 본문에서는 "그 후에 예수께서 모든 일이 이미 이루어진 줄 아시고 성경을 응하게 하려 하사 이르시되 내가 목마르다 하시니."(요 19:28) 즉 "성경을 응하게(이루게) 하기 위하여"라고 말씀합니다. 순종하신 것입니다. 주님의 최대 관심사는 자신의 육체가 편해지는 게 아니었습니다. 하나님 말씀에 순종하는 것이었습니다. 예수님은 말과 행동을 통해, 또한 자신의 일생을 통해 하나님의 말씀을 이루신 것입니다. "예수께서 이르시되 나의 양식은 나를 보내신 이의 뜻을 행하며 그의 일을 온전히 이루는 이것이니라."(요 4:34) '이룬다', 혹은 '이루어졌다'는 말씀이 사복음서 안에 20번 이상 등장하는 것이 그런 이유입니다.

3) 성경을 이루게 하기 위함입니다.

예수님은 하나님의 종으로서 철저하게 순종하셨습니다. 그분의 관심은 온통 예언의 성취에 있었습니다. 왜 예루살렘이나 여리고가 아니라 베들레헴에서 탄생하셨을까요? 미가의 예언 때문입니다. "베들레헴 에브라다야 너는 유다 족속 중에 작을지라도 이스라엘을 다스릴 자가 네게서 내게로 나올 것이라."(미 5:2) 왜 요셉과 마리아는 어린 예수님을 데리고 애굽에 갔을까요? 호세아의 예언 때문입니다. "이스라엘이 어렸을 때에 내가 사랑하여 내 아들을 애굽에서 불러냈거늘."(호 11:1) 왜 주님은 많은 지역을 놔두고 하필 갈릴리에서 선교하셨나요? 이사야의 예언 때문입니다. "옛적에는 여호와께서 스불론 땅과 납달리 땅이 멸시를 당하게 하셨더니 후에는 해변 길과 요단 저쪽 이방의 갈릴리를 영화롭게 하셨느니라 흑암에 행하던 백성이 큰 빛을 보고 사망의 그늘진 땅에 거주하던 자에게 빛이 비치도다."(사 9:1-2)

예수님의 삶과 선교는 모두 하나님의 말씀에 순종하는 일이었습니다. "그는 근본 하나님의 본체시나 하나님과 동등 됨을 취할 것으로 여기지 아니하시고 오히려 자기를 비워 종의 형체를 가지사 사람들과 같이 되셨고 사람의 모양으로 나타나사 자기를 낮추시고 죽기까지 복종하셨으니 곧 십자가에 죽으심이라."(빌 2:8)

그분의 죽음도 누가 죽이신 것이 아닙니다. 스스로 죽으신 것입니다. "내가 내 목숨을 버리는 것은 그것을 내가 다시 얻기 위함이니 이로 말미암아 아버지께서 나를 사랑하시느니라 이를 내게서 빼앗는 자가 있는 것이 아니라 내가 스스로 버리노라 나는 버릴 권세도 있고 다시 얻을 권세도 있으니 이 계명은 내 아버지에게서 받았노라 하시니라."(요 10:17-18) "예수님, 그분은 당신이 원하셨기 때문에 원하시던 때에, 원하시던 대로 떠나가셨다"는 어거스틴의 말마따나 주님은 원하시던 방법으로, 원하신 때에 떠나신 것입니다.

하나님의 자녀로 살아가면서 가장 중요한 것은 잘나고 똑똑하고, 출세하는 것보다 하나님의 뜻을 알고 그 뜻대로 사는 것입니다. 교회 부흥도 중요하고, 자아실현도 중요하지만 내 멋대로 하면 안 됩니다. 비전 있는 교회도 자신의 욕망을 비전이란 미명으로 포장하면 안 됩니다. 주님의 뜻을 이루어야지 내 뜻을 이루는 게 믿음이 아니란 말씀입니다. 우리가 하나님의 뜻을 순종하려고 애쓸 때 성령님이 도우셔서 현명한 판단을 하게 되고 하나님의 뜻을 따라 살게 될 것입니다.

3

죄인들을 위한
구세주*(Savior for Sinners)*가 되신 예수님

주님께서 산상수훈(山上垂訓)을 말씀하실 때 네 번째 복에 대해 말씀하신 적이 있습니다. "의에 주리고 목마른 자는 복이 있나니 그들이 배부를 것임이요."(마 5:6) 의에 주리고 목이 마른 자는 복이 있다고 말씀하신 것입니다. 사복음서 중 '요한복음'에는 유독 주님과 물에 관련된 기사가 많이 등장합니다.

요한복음 2장에는 갈릴리 가나에서 물을 포도주로 바꾼 사건이 등장합니다. 제자들과 함께 혼례에 초대받은 주님께서 포도주가 떨어져 쩔쩔매는 혼가(婚家)의 문제를 해결해 주신 사건입니다. 이 기적은 주님이 행하신 첫 번째 기적인데 두세 통 드는 돌 항아리 여섯 개에 물을 채운 뒤 그것을 모두 포도 주로 바꿔주신 사건입니다. "예수께서 그들에게 이르시되 항 아리에 물을 채우라 하신즉 아귀까지 채우니 이제는 떠서 연 회장에게 갖다 주라 하시매 갖다 주었더니."(요 2:7-8) 이처럼 주님께서 맨 처음 보여주신 기적은 죽은 자를 살리거나, 바 람과 바다를 잠잠하게 만드는 엄청난 사건이 아니라 한 가정 의 주방에서 일어난 사건이었습니다. 이것은 무엇을 말하고 있을까요? 이는 주님께서는 우리의 작은 일상에도 세밀히 관심 갖으시며 우리의 절박함과 간절함에 귀를 닫고 계시지 않는다는 방증(傍證)이기도 합니다.

요한복음 4장에는 수가성 여인과의 대화가 나옵니다. 처음 에 여인에게 물을 달라 하셨던 주님께서 여인에게 말씀합니 다. "예수께서 대답하여 이르시되 이 물을 마시는 자마다 다 시 목마르려니와 내가 주는 물을 마시는 자는 영원히 목마르 지 아니하리니 내가 주는 물은 그 속에서 영생하도록 솟아나 는 샘물이 되리라."(요 4:13-14) 주님은 목마른 사람에게 영원 히 목마르지 않도록 샘물을 주신 분입니다.

요한복음 7장에는 "명절 끝날 곧 큰 날에 예수께서 서서 외 쳐 이르시되 누구든지 목마르거든 내게로 와서 마시라 나를 믿는 자는 성경에 이름과 같이 그 배에서 생수의 강이 흘러 나오리라 하시니."(요 7:37-38) 목마른 사람들에게 누구든지 와서 마시라며, 그러면 그 배에서 생수의 강이 흘러나오리라고 설파하신 주님입니다. 그런 주님께서 정작 본인은 평생 목말라 하셨고, 십자가 위에서까지 "내가 목마르다" 하신 것입니다.

요한계시록에는 "또 내게 말씀하시되 이루었도다 나는 알파와 오메가요 처음과 마지막이라 내가 생명수 샘물을 목마른 자에게 값없이 주리니."(계 21:6) 목마른 자에게 생명수 샘물을 주시기 위해 평생 목말라 하셨던 것입니다.

주님이 십자가 고통을 당하실 때 마취제가 주어졌지만 거절하셨습니다. 감각이 둔해지는 것을 원하지 않으셨던 것입니다. "몰약을 탄 포도주를 주었으나 예수께서 받지 아니하시니라."(막 15:23) 옛날 대제사장은 회막 출입 시, 포도주나 독주를 마시지 않았습니다. 거룩한 순간이기 때문입니다. "여호와께서 아론에게 말씀하여 이르시되 너와 네 자손들이 회막에 들어갈 때에는 포도주나 독주를 마시지 말라 그리하여 너희 죽음을 면하라."(레 10:8-9) 주님도 십자가 위에서 자신을 제물로 바치며 고통과 아픔을 다 겪으셨습니다. 인자(Son of Man)로 오셔서, 하나님의 종(Servant of God)으로서 순종하시

고 고통당하신 주님은, 죄인들을 위한 구세주(Savior for sinners)
가 되시려 십자가에 달려 돌아가신 것입니다.

우리가 하나님의 나라에 가면 더 이상 목마름이 없을 것입니
다. 그러나 우리가 사는 이곳에는 목마름이 있고, 또 있어야
합니다. 목마르신 주님을 따라가는 그분의 제자들도 목마름
을 가져야 합니다. 왜냐하면 스승님께서 목마르셨기 때문입
니다. 이 목마름을 잊어버리는 순간 우리는 죽은 것입니다.
현대는 조급함은 있는데 갈급함이 없습니다. 욕심과 욕망은
있는데 목마름이 없습니다. 주님의 종들은 진리에 목말라야
합니다. 정의에 목말라야 합니다.
생명에, 구원에, 전도에, 사랑에 목말라야 합니다. 목에 기름
기가 끼고 배에 햄이 둘리는 날 우린 죽은 것입니다.

예전에 썼던 졸시(拙詩) "나침반"으로 글을 갈무리합니다.

나침반

丁學鎭

움직일 때마다
떨고 있다.

바늘 끝이 미세하고 떨고 있는 한
나침반이 가리키는 방향을 믿어도 좋다.

떨고 있는 사람은
진실하다
떨고 있는 사람의 말은 믿어도 된다.

두려움으로
경외심으로
떨고 있는 목사의 말은
떨고 있는 정치가의 말은
믿을 만하다.

두려움을 잃어버리고
번지르르하게 말하는 순간부터
죽은 것이다.
바늘 끝이 떨림을 그치고
고정되는 한
나침반은 죽은 것이다.

내가 목마르다.
한평생 목마름 속에 사신
스승을 따라가는 사람들도
목마를 일이다.

그 허기짐을 면하는 날
그 갈급함이 사라지는 날
죽은 것이다.

가상칠언 6

다 이루었다

(요 19:30)

주님께서 십자가에 달려 하신 여섯 번째 말씀은 "다 이루었다"(It is finished)입니다.

이것은 일종의 선언입니다. 원수 마귀에 대한 선전포고(宣戰布告)이자 승리선언(勝利宣言)입니다. 패잔병이 늘어놓는 불평이 아니라, 구세주가 승리를 외치신 의기양양한 외침입니다. 대부분 사람들은 서른 살이 되면 "이제 시작이다"라고 하지만, 예수님은 그 나이에 "다 이루었다"고 말씀하신 것입니다. 동원 예비군 훈련도 채 끝나지 않았을 나이에 "다 이루신" 것입니다. 요한이 그리스어로 기록한 이 말은 열 개의 철자로 이뤄져 있는데 "테텔레스타이(Tetelestai)"입니다. 이 한 개의 단어가 온 인류의 역사를 바꿔 놓았습니다.

"예수께서 신 포도주를 받으신 후에 이르시되 다 이루었다 하시고 머리를 숙이니 영혼이 떠나가시니라."(요 19:30)

여러분은 어떠신가요? 제게는 계획하고도 이루지 못한 일들이 너무 많이 있습니다. 하고 싶었던 일들도 많고, 읽고 싶은데 앞부분만 읽다가 아직 끝내지 못한 책들도 수두룩합니다. 책상 서랍에는 시작해 놓고도 마치지 못한 원고들이 수북이 쌓여 있습니다. 아무에게도 알려지지 않은 소설 원고도 있고, 수많은 설교 원고도 정리되지 않은 채 남아 있습니다. 그러나 기실 사람들이 이 책을 못보고, 이 원고들을 읽지 못한다고 해서 크게 손해 볼 것은 없습니다.

그러나 주님께서 "다 이루었다"고 하시지 않았다면 이야기는 완전히 달라집니다. 이 세상은 타락한 채로 방치되었을 것이고, 우리는 여전히 죄의 자녀로 남아 있었을 것이고, 길 잃고 헤매며, 영원한 지옥불에 들어갈 운명에 처해 있었을 것입니다. 그러나 주님께서는 아버지로부터 받은 일을 완벽히 수행하시고, 우리의 구원을 온전히 이루신 후, "다 이루었다"고 기쁘게 선포하셨던 것입니다. "아버지께서 내게 하라고 주신 일을 내가 이루어 아버지를 이 세상에서 영화롭게 하였사오니"(요 17:4) 라고 말씀하신 것입니다. '테텔레스타이'는 '단번에, 완전히 끝내다'는 의미로 쓰였습니다. 세 가지 의미를 3W로 살펴보도록 하겠습니다.

118

1

신약성경에서 빈번히 사용된 말

Words in New Testament

1) '마쳤다'는 의미로 쓰였습니다.

마태복음은 흔히 유대인을 위한 복음서라고 합니다. 구약성
서의 인용이 많다든지, 유대인들이 가장 위대하게 생각하는
모세의 원형을 따라 복음서를 기술한 것 등이 그 예입니다.
모세가 '모세오경'을 썼듯, 마태는 예수님의 탁월한 설교를
'마태오경' 양식으로 복음서를 기록했습니다. 즉 마태복음은
5개의 설교 덩어리로 기록된 책인데 예수님께서 설교를 마치
시면 꼭 "예수께서 이 말씀을 마치시고…" 하는 표현이 등장
합니다.

산상수훈(마 5-7장) 설교 후(마 7:28)에 이 말이 나옵니다. 마태복음 10장의 제자파송 설교 후(마 11:1)에도 나오고, 13장의 천국비유 설교(마 13:53) 후에도, 18장의 제자들에 대한 설교 뒤(마 19:1)에도, 끝으로 23-25장의 종말설교 후에는 "예수께서 이 말씀을 다 마치시고"(마 26:1)라고 쓰였습니다. 여기서 사용된 '마쳤다'는 '끝내다'는 뜻으로 설교, 혹은 '말씀을 마쳤다'는 의미입니다.

2) '지불하다'는 의미로 쓰였습니다.

마태복음에 "반 세겔 받는 자들이 베드로에게 나아와 이르되 너희 선생은 반 세겔을 내지 아니하느냐."(마 17:24)라고 한 경우입니다. 이때 베드로가 "내신다"(마 17:25)라고 대답하는데 여기서 성전 세금을 '낸다(pay)' 할 때 이 말이 쓰였습니다. 그 후 예수님은 베드로를 통해 자기 몫인 성전 세금을 내셨습니다(마 17:27).

3) '실행하다'는 의미로 쓰였습니다.

누가복음에 "주의 율법을 따라 모든 일을 마치고 갈릴리로 돌아가 본 동네 나사렛에 이르니라"(눅 2:39)고 한 경우입니다. 여기서 '마치고'는 '필하다.' 혹은 '실행하다'의 뜻을 가지고 있습니다. 이 말씀은 예수님이 모세의 법대로 정결예식할 날이 되었을 때 예루살렘에 올라가서 모든 정결예식을 마친(실행한) 경우에 쓰인 말입니다.

4) '응하리라'는 의미로 쓰였습니다.

요한복음에 "이는 예수께서 자기가 어떠한 죽음으로 죽을 것을 가리켜 하신 말씀을 응하게 하려 함이러라"(요 18:32)는 경우입니다. 여기서 '응하게 하려 한다'는 '이루어진다(fulfilled)'라는 의미입니다. 이는 율법과 예언대로 예수님께서 십자가에서의 죽음과 승리를 성취하게 될 것을 가리킨 말씀입니다.

5) 본문의 경우 '다 이루었다'(19:30)는 경우입니다.

성경을 종합해 보면 예수님께서 십자가에서 여섯 번째로 하신 말씀의 내용과 본질을 알 수 있습니다. '다 마쳤다.' '다 지불했다.' '다 실행했다.' '다 응했다.' '다 이루었다'는 말은 같은 단어입니다. 같은 의미입니다.

무엇을 다 마쳤을까요? 우리를 구원하시기 위해 하나님의 메시지 전달을 다 마쳤다는 뜻입니다.

무엇을 다 지불했나요? 우리 죄를 사하시려 상응하는 대가를 지불하셔야 했습니다. 목숨을 주셨습니다.

무엇을 다 실행했나요? 아버지께서 예수님에게 하라고 주신 사명을 모두 실행하신 것입니다.

무엇을 다 응하게 하셨나요? 십자가에서 죽으심으로 인류의 죄를 완전히, 단번에 대속하신 것입니다.

두 번, 세 번 반복이 없는, 단번의 '이루심'으로 '완결하셨던'
것입니다.

2

일상에서 쓰인 말
Words in Common Life

이 말은 그 당시 일상적인 말이었습니다. 특별한 계층에서 사용되던 특별한 말이 아니었다는 뜻입니다.

1) 상인들이 사용하던 말입니다.

빚진 상인(채무자)이 힘겹게 빚을 다 갚은 뒤 "테텔레스타이"라고 외쳤습니다. 그때 주인도 그를 향해, "테텔레스타이"라고 했습니다. "빚을 다 갚았다." 혹은 "탕감했다"라는 뜻을 내포하고 있습니다. 채무자와 채권자가 동시에 빚을 모두 갚은 뒤 외친 말입니다. 세상에는 빚을 갚을 능력이 없는 이도 많습니다. 그래서 정부에서는 공적자금을 투입해 일괄적으로 '신용불량자'들을 구제해 주기도 하고, 유동성을 공급해 어려운 기업들을 살려주기도 합니다. 그로 인해 도덕적 해이(道德的解弛), 즉 모랄 해저드(moral hazard)를 우려하는 소리가 높아지기도 합니다. 그러나 주님은 한 번에, 완전하게 빚을 갚은 것입니다. 우리는 꼼짝 없이 죄에 대한 형벌로 대가를 치러야 하는데 주님이 십자가에 죽으심으로 우리의 모든 빚을 탕감해 주신 것입니다.

2) 하인들이 사용하던 말입니다.

주인으로부터 심부름을 받은 종이 그 심부름을 다 마치고 돌아와 주인에게 보고할 때 쓰는 말이었습니다. "주인님, 주인님께서 시키신 대로 모두 마쳤습니다"라고 보고하며 쓰는 말입니다. 예수님은 하나님의 종입니다(빌 2:5-11). "아버지께서 내게 하라고 주신 일을 내가 이루었나이다."(요 17:4) 예수님은 섬기는 종의 모습을 보여주셨습니다. 심부름꾼은 심부름 시킨 분의 명령을 실행해야 합니다. 자기 말을 전하거나, 자기 뜻을 전해선 안 됩니다. 설교자는 하나님의 말씀을 전하도록 부름 받은 심부름꾼입니다. 자기가 좋아하는 말씀을 전하는 자가 아니라, 전해야만 하는 말씀을 전해야 합니다. 그래야 강단이 살아날 것입니다.

3) 제사 때 사용하던 말이었습니다.

성전에서 동물제사를 드릴 때 사제들은 그 동물을 검사한 후, 흠이 없고 깨끗하면 이렇게 소리쳤습니다. "테텔레스타이" '흠 없이 완전하다'라는 뜻입니다. 예수님은 흠 없고 티 없는, 하나님의 어린 양입니다. "세상 죄를 지고 가는 하나님의 어린 양"(요 1:29)입니다. "오직 흠 없고 점 없는 어린 양 같은 그리스도의 보배로운 피로 된 것이니라."(벧전 1:19) 여기에 관한 두 개의 한자가 있습니다. 첫째는 '특별한 특(特)'입니다. 이 글자는 소(牛)와 절(寺)로 이뤄진 글자입니다. 소가 왜 절에 있습니까? 여기서 절은 성전을 말하는데 성전에 있는 소는 '제사(祭祀)'에 사용되기에 '흠 없고 특별한 소'여야만 했습니다. 또 하나는 '희생할 희(犧)'입니다. 복잡해 보이는 이 단어는 간단합니다. '소 우(牛)'와 '양 양(羊)' '빼어날 수(秀)' 그리고 '창 과(戈)'로 이루어져 있습니다. 종합해보면 "빼어난 소와 양을 창으로 잡는다"는 뜻입니다. 제사를 드릴 때에는 가장 빼어난 소와 양 만을 잡아야 했습니다. 주님께서 가장 빼어난 제물이었기에 이 말이 나온 것입니다.

그렇다면 주님이 흠 없는 하나님의 어린 양임을 어떻게 알 수 있겠습니까? 하나님께서 말씀하셨기 때문입니다. "이는 내 사랑하는 아들이요 내 기뻐하는 자라 하시니라."(마 3:17) 세례 후 하나님이 직접 말씀하셨습니다. 가다라 지방에 가셨을 때에는 귀신들까지도 "하나님의 아들이여, 우리가 당신과 무슨 상관이 있나이까?"(마 8:28-29)라며 예수님을 하나님의 아들로 인정했습니다. 예수님의 대적들도 예수님의 결백을 인정했습니다. 빌라도 총독도 "내가 보니 이 사람에게 죄가 없도다"(눅 23:4)라며 고백했고, 심지어는 가룟 유다도 "내가 무죄한 피를 팔고 죄를 범하였도다"(마 27:4)라고 했으며, 십자가 옆에 달렸던 행악자조차도 "이 사람이 행한 것은 옳지 않은 것이 없느니라"(눅 23:41)라며 예수님의 결백을 고백했습니다. 예수님을 만났던 모든 사람들은 그를 향해 "테텔레스타이"라고 말했던 것입니다.

주님은 하나님의 흠 없는 어린 양입니다. 희생제물(犧牲祭物)입니다. 그분을 따르는 우리도 제물입니다. 제사를 드릴 때 제물이 반쯤 살아서 피를 흘리며 돌아다니며 난리를 치면 안 됩니다. 칼을 잘못 맞은 비둘기가 날갯죽지에 피를 흘리며 성전 안을 날아다니거나, 도끼를 잘못 맞은 소가 온 성전을 헤집고 다니면 어떻게 되겠습니까? 제물은 완전히 죽어야 합니다. 그래야 온전한 제사를 드릴 수 있습니다. 우리도 십자가 앞에서 온전히 죽는 진정한 제물이 되어야 할 것입니다.

3

신실하신 구세주가 하신 말씀

Words of Savior

우리가 세상을 살아갈 때 누구에게 관심하느냐는 무척 중요합니다. 여기에 우리의 삶과 인격, 세계관, 우주관 등이 형성되기 때문입니다. 주님은 처음부터 끝까지 관심이 아버지에게 있었습니다. 주님의 탄생 이야기는 마태복음과 누가복음에만 나타나다가 다시 등장한 이야기는 12세 때입니다.

허겁지겁 아들을 찾아 헤매다 성전에 들른 요셉과 마리아에게 "어찌하여 나를 찾으셨나이까. 내가 내 아버지 집에 있어야 될 줄을 알지 못하셨나이까"(눅 2:49) 하셨고, 첫 기적이 있던 날 갈릴리 혼인잔치에서 "내 때가 아직 이르지 아니하였나이다"(요 2:4)라며 하나님께서 정하신 때를 기다리기도 했습니다. 우리 주님께서는 끝날 날도 알고 계셨고, 그때 당할 십자가 고통도 아셨습니다. "나는 받을 세례가 있으니 그것이 이루어지기까지 나의 답답함이 어떠하겠느냐"(눅 12:50) 하시던 주님께서 십자가 위에서 "테텔레스타이"를 외치신 것입니다.

주님은 구세주로서 하늘 아버지의 뜻을 다 이루셨습니다. 인류 역사에 가장 무섭고도 잔인한 형벌인 십자가에 달려 죽으면서까지 하늘 아버지께 복종하신 것입니다. 종교 지도자가 배척하고, 사탄이 훼방을 놓고, 제자들은 모두 떠나고, 사랑했던 이들마저 등을 돌린 그 처절한 배신과 절망의 한 복판에서도 "다 이루었다"시며 승리의 개선가를 부르신 것입니다. 그런 주님이시기에 우리를 도우실 수 있습니다. 아팠던 분이기에 우리가 아플 때 치료해 주시고, 죄 지었을 때 용서하시며, 그 얼굴을 대할 때까지 우리를 지켜주실 것입니다.

주님은 죽어 매장되셨고, 죽은 자 가운데서 다시 살아 부활하셨습니다. 잠자는 자들의 첫 열매가 되셨습니다. 주님이 십자가 위에서 계약금만 지불하고, 중도금과 잔금은 우리가 지불하는 게 아닙니다. 주님께서 십자가 위에서 모든 걸 완벽하게 지불하셨고 이미 구속사역을 완벽히 끝낸 것입니다.

따라서 주님을 따라가는 우리도 하루하루 주님의 은혜에 감격하며 믿음으로 승리하며 살아가기를 기도합니다. 아멘.

가상칠언 7

아버지, 내 영혼을
아버지 손에 부탁하나이다

(눅 23:44-46)

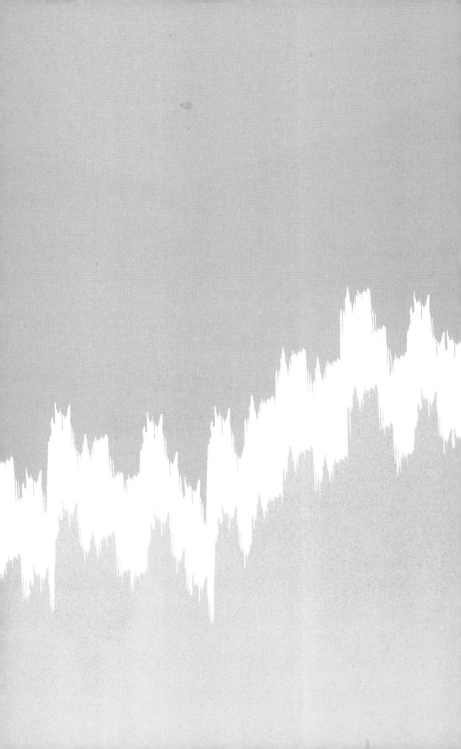

덴마크의 실존주의 철학자 키에르케고르는 "인간은 죽기 위해 산다"라고 말했습니다. 사람은 태어난 순간부터 죽음을 향해 달려가는 존재라는 의미입니다. 나이는 우리가 살아가는 삶 속에서 살아온 날을, 엄밀히 말하면 죽어온 날을 가리키는 지표입니다. 즉 스무 살은 20년을 죽어왔고, 불혹(不惑)은 40년을 죽었으며, 고희(古稀)는 주어진 삶의 총량(總量) 가운데 칠십 년을 썼다는 말입니다.

그러나 알아야 할 것은 어떠한 죽음도 죽음은 우연이 아닙니다. 우리 자신은 알 수 없지만 정해진 때에 반드시 일어날 것입니다. 그러나 언제 죽을지는 하나님만이 알고 계십니다. 가상칠언은 우리 죄를 대신 지시고 십자가에 달리신 주님께서 어떻게 죽음을 극복하셨는가를 보여주는 참으로 고귀하고 숭고한 말씀입니다. 십자가 위에서의 마지막 말씀인 일곱 번째 말씀은 누가복음에 기술되어 있는데 누가는 그날의 정황을 이렇게 증언하고 있습니다.

"때가 제 육시쯤 되어 해가 빛을 잃고 온 땅에 어둠이 임하여 제 구시까지 계속하며 성소의 휘장이 한가운데가 찢어지더라 예수께서 큰 소리로 불러 이르시되 아버지 내 영혼을 아버지 손에 부탁하나이다 하고 이 말씀을 하신 후 숨지시니라 백부장이 그 된 일을 보고 하나님께 영광을 돌려 이르되 이 사람은 정녕 의인이었도다 하고 이를 구경하러 모인 무리도 그 된 일을 보고 다 가슴을 치며 돌아가고 예수를 아는 자들과 갈릴리로부터 따라온 여자들도 다 멀리 서서 이 일을 보니라."(눅 23:44-49)

본문을 세 가지로 살펴볼 수 있는데 첫째는 운명하실 때 자연현상에 대한 묘사이고, 둘째는 예수님 죽음의 실재적 의미이며, 끝으로 십자가 주변에 있던 사람들의 서로 다른 반응을 3D로 논하겠습니다.

1

자연현상에 대한 묘사
Description of Natural Situation

주님께서 마지막 말씀을 하시고 죽으실 때 여러 가지 자연현상이 나타났다고 성경은 묘사하고 있습니다.

1) 성전 휘장이 찢어졌습니다.

두 가지를 생각합니다. 먼저 휘장이 찢어진 시기입니다. 마태와 마가는 운명하신 후에(마 27:50-51 ; 막 15:37-38) 누가는 운명 전에 휘장이 찢어진 것으로 나옵니다(눅 23:45). 사실 휘장이 찢어지는 것을 복음서 기자들이 목격했거나, '즉시' 확인하긴 어려웠을 것입니다. 그렇다면 그들은 나중에 다른 이의 증언이나 목격담을 통해 알았을 터인데, 그래서인지 어쩌면 예수님의 운명 시점과 휘장의 찢어짐 사이의 상관관계는 그리 중요하지 않을지 모릅니다. 다만 이들은 성소와 지성소를 가로막고 있던 휘장이 찢어진 사실 자체에만 관심을 가졌을 것입니다. 성소에 있던 휘장은 무엇입니까? "휘장이 너희를 위하여 성소와 지성소를 구분하리라"(출 26:33)는 말씀처럼 성소와 지성소를 가르는 휘장입니다. 주님께서 온몸을 던져 휘장을 찢으심으로 지성소의 문이 활짝 열렸습니다. 이제 누구나 올 수 있습니다. 술주정뱅이든, 알코올 중독자든, 사기꾼이든, 창녀든 누구든지 올 수 있습니다. 주님께서 죽으심으로 하나님께 가는 길이 활짝 열린 것입니다.

또 하나는 성소의 휘장이 위로부터 아래로 찢어졌다는 사실입니다. 누가복음에는 단순히 "성소의 휘장이 한가운데가 찢어지더라"(눅 23:45)라고 기술된 반면, 마태와 마가는 똑같이 "성소 휘장이 위로부터 아래까지 찢어져 둘이 되고"(마 27:51 ; 막 15:38)라고 쓰여 있습니다. 이것은 무엇을 말할까요? 만일 아래로부터 위로 찢어졌다면 그것은 사람이 찢은 것입니다. 그러나 사람의 손이 닿지 않는 위로부터 아래로 찢어졌다는 것은 하나님이 찢으셨다는 뜻이 됩니다. 성소는 이스라엘의 신앙에 있어서 매우 중요한데 그 휘장이 찢어짐으로써 유대교는 종말을 고하게 되었고 복음의 시대가 활짝 열린 것입니다. 이 의미를 히브리서 기자는 이렇게 설명합니다. "그러므로 형제들아 우리가 예수의 피를 힘입어 성소에 들어갈 담력을 얻었나니 그 길은 우리를 위하여 휘장 가운데로 열어 놓으신 새로운 살 길이요 휘장은 곧 그의 육체니라."(히 10:19–20)

2) 강력한 지진이 일어났습니다.

마태복음은 유독 이 날의 상황을 더욱 자세하게 기술하고 있는데 그것은 강력한 자연 현상이 골고다를 강타한 것입니다. "땅이 진동하며 바위가 터지고."(마 27:51) 예수님께서 숨을 거두실 때 지진이 일어나고 바위가 터짐으로써 그의 죽음은 특별한 의미를 갖는 것임을 나타내고 있습니다. 예수님의 죽음은 우주적인 사건이라는 뜻입니다. 이로 인하여 대적들은 심히 떨었습니다. 누가복음에는 "이를 구경하러 모인 무리도 그 된 일을 보고 다 가슴을 치며 돌아갔다"(눅 23:48)고 했습니다. 예수님의 죽음은 이처럼 하늘과 땅이 진동하고 바위가 터질 만큼 큰 사건이었습니다.

3) 무덤들이 열리며 자던 성도들의 몸이 많이 일어났습니다.

지진이 강타한 것뿐만 아니라 한층 더 나아가 "무덤들이 열리며 자던 성도의 몸이 많이 일어나되 예수의 부활 후에 그들이 무덤에서 나와서 거룩한 성에 들어가 많은 사람에게 보이니라"(마 27:53)고 기록되어 있습니다. 이것은 예수님께서 스스로를 죽이심으로 죽음의 권세를 이기고 승리하셨음을 나타내고 있습니다. 예수님께서 죽으심으로서 승리를 거두신 것은 죄에 대한 승리이고, 죽음에 대한 승리입니다. 무덤이 열리고 자던 성도들의 몸이 일어남으로써 그는 진정 죄를 정복하셨고, 죽음마저 정복하신 분임을 우리에게 보여주고 있는 것입니다.

2

실재적 의미의 죽음
Death of Real Meaning

그렇다면 예수님의 죽음은 어떤 의미가 있었을까요?

1) 예수님은 실재적으로 죽으셨습니다.

주님의 죽으심은 환상이 아닙니다. 어떤 이단들(특히 영지주의
자들)의 주장처럼 거짓이 아닙니다. 잠시 기절했다가 서늘한
무덤 가운데 놓이자 깨어난 것이 아닙니다. 요한은 로마 군
인들이 주님의 죽음을 주의 깊게 확인했다고 증언하고 있습
니다. "군인들이 가서 예수와 함께 못 박힌 첫째 사람과 또
그 다른 사람의 다리를 꺾고 예수께 이르러서는 이미 죽으신

것을 보고 다리를 꺾지 아니하고 그중 한 군인이 창으로 옆 구리를 찌르니 곧 피와 물이 나오더라."(요 19:32-34) 또한 주 님의 죽음은 빌라도 총독도 확인한 후였습니다. "빌라도는 예수께서 벌써 죽었을까 하고 이상히 여겨 백부장을 불러 죽은 지가 오래냐 묻고 백부장에게 알아 본 후에 요셉에게 시체를 내주는지라."(막 15:44-45) 이처럼 주님의 죽으심은 가현설(假現設)을 주장하는 사람들의 말마따나 "잠시 죽은 것처럼" 보인 게 아니라 진짜 죽으셨던 것입니다.

2) 예수님은 확신 속에서 죽으셨습니다.

십자가에 자신을 못 박는 하나님을 향해 "아버지여, 내 영혼을 아버지 손에 부탁하나이다"(눅 23:46)라고 기도하셨던 주님의 확신은 어디서 왔을까요? 그것은 주님께서 아버지 하나님의 현존을 믿으셨기에 가능했습니다. 아버지와 함께하신다는 확신 속에서 죽을 수 있었던 것입니다. 우리도 숨을 거두는 순간에 아버지를 바라볼 수 있다면 얼마나 좋을까요? 주님은 한 평생 아버지의 현존을 믿었고, 임마누엘 하신 하나님을 확신하며 살았습니다. 12살 때에 그를 찾는 요셉과 마리아에게 "어찌하여 나를 찾으셨나이까? 내가 내 아버지 집에 있어야 될 줄을 알지 못하셨나이까?"(눅 2:49)라고 하셨습니다. 산상수훈에는 아버지란 말이 15번 이상 나오고, 다락방 설교를 포함한 요한복음에는 아버지란 단어가 100번

넘게 등장합니다. 예수님은 언제나 하나님의 현존을 경험하며 사셨고 죽으실 때도 마찬가지였습니다. 가상칠언 중 세 번째가 아버지를 향한 기도라고 말씀드렸습니다. 마지막 가상칠언인 "내가 나의 영을 주의 손에 부탁하나이다 진리의 하나님 여호와여 나를 속량하셨나이다"(시 31:5)는 시편 기도와 흡사합니다. 주님은 죽어가면서까지 아버지의 약속과 예언을 생각하셨습니다. 우리도 이 약속을 믿는다면 세상을 떠날 때 두려움 없이, 행복한 죽음을 맞이할 수 있을 것입니다.

3) 예수님은 기쁨으로 죽으셨습니다.

겉으로 보면 빌라도가 사형언도를 내리고 로마의 집행관이 그를 처형했습니다. 그러나 기실 그것은 사실이 아닙니다. 그의 죽음은 타살이 아닙니다. 살해당하신 게 아닙니다. 그분은 전에 말씀하신대로 스스로 자신의 생명을 '기꺼이' '기쁨으로' '자진해서' 내어 놓으신 것입니다. "내가 내 목숨을 버리는 것은 그것을 내가 다시 얻기 위함이니 이로 말미암아 아버지께서 나를 사랑하시느니라 이를 내게서 빼앗는 자가 있는 것이 아니라 내가 스스로 버리노라 나는 버릴 권세도 있고 다시 얻을 권세도 있으니 이 계명은 내 아버지에게서 받았노라 하시니라."(요 10:17-18) 예수님은 스스로 죽으신 것입니다. 선한 목자가 양들을 위해 목숨을 내놓으신 것처럼 기꺼이 우리를 위해 죽으신 것입니다.

구약의 희생제물은 기꺼이 죽지 않습니다. 모르고 죽거나 억지로 죽습니다. 그러나 주님은 기꺼이 죽으셨습니다. 우리도 살아가면서 신앙생활을 기꺼이 해야 합니다. 사랑도, 봉사도, 헌신도 기꺼이 해야 합니다. 우리의 남은 날이 얼마일지 모릅니다. 그러나 우리의 남은 시간은 모두 하나님의 은총의 선물입니다. 오늘은 우리에게 남아 있는 여생(餘生) 중에서 가장 젊은 날입니다. 가장 아름다운 날입니다. 기꺼이 우리 몸과 영혼을 주님께 맡기며 그분의 인도하심을 구해야 할 것입니다.

3

십자가 주변 사람들의 서로 다른 반응

Dual Reaction

그날 십자가 주변에는 많은 이들이 있었으나 주님의 죽음을 바라보는 반응은 전혀 달랐습니다. 한 부류의 사람들은 예수님의 죽음을 애타게 바라보며 자신들의 믿음을 고백한 사람들이고, 또 다른 부류의 사람들은 주님의 목전에서 비웃고 조롱했던 사람들입니다. 그런데 예수님을 비웃고 조롱하는 사람들은 어떤 사람들입니까? 첫째는 지나가던 사람들(39-40절)이고, 둘째는 대제사장들과 서기관들과 장로들(41-43절)입니다. 이들은 예수님의 죽음 앞에서도 그를 비웃고 조롱했습니다.

1) 주님을 조롱한 사람들

지나가던 사람들입니다.

이들은 "자기 머리를 흔들며 예수를 모욕"하면서 "성전을 헐고 사흘에 짓는 자여 네가 만일 하나님의 아들이어든 자기를 구원하고 십자가에서 내려오라"(39–40절)고 조롱했습니다. 예수님께서 큰 권세를 보이셨기 때문에 그것을 염두에 두고 비난한 것입니다. "네가 만일 하나님의 아들이면 십자가에서 뛰어 내림으로써 그것이 사실임을 입증해 보이라"는 것입니다. 이것은 예수님의 공생애 초기 마귀가 했던 시험과 흡사합니다. 마귀는 40일 주리신 주님에게 만일 하나님의 아들이면 "이 돌들로 떡덩이가 되게 하라"(마 4:3)고 했고, 성전 꼭대기에 세우고는 "뛰어 내리라"(마 4:6)고 유혹했습니다. 마귀는 지나가던 사람들을 충동질하여 예수님을 십자가에서 끌어내리려고 했습니다. 만일 주님께서 이들의 조롱에 못 이겨 십자가에서 내려오셨다면, 하나님의 구속 사역은 실패하고 말았을 것입니다.

대제사장들과 서기관들과 장로들입니다.

이들은 예수님을 직접적으로 비난하지 않고 제삼자의 입장에서 조롱하였습니다. "그가 남은 구원하였으되 자기는 구원할 수 없도다 그가 이스라엘의 왕이로다 지금 십자가에서 내려올지어다 그리하면 우리가 믿겠노라"(마 27:42)며 조롱했습니다. 이들은 예수님께서 행하신 이적도 부인하고 말씀도 믿지 않았습니다. 예수님이 메시아라고 한다면 하나님이 어떻게 십자가에 매달려 있겠느냐는 것입니다. 주님께서 십자가에 매달려 있는 그 자체가 이미 예수님은 메시아가 아니라는 증거라는 것입니다. 마귀는 이같은 조롱을 통해 예수님으로 하여금 사명을 포기하도록 유혹했던 것입니다.

2) 주님 편에 선 사람들
그런데 바로 그 현장에는 이들과 전혀 다른 입장을 가진 사람들도 있었습니다. 그들은 소수의 사람들입니다.

백부장입니다.
예수님의 처형을 집행한 책임자였던 백부장은 이 광경을 보고 심히 두려워했다고 증언합니다. 이 사람은 예수님의 죽음을 지켜보면서 "이는 진실로 하나님의 아들이었도다"(마 27:54)라며 시인했습니다. 마태와 마가는 백부장이 "하나님의 아들"(마 27:54 ; 막15:39)로 고백한 반면, 누가는 "이 사람은 정녕 의인이었도다"(눅 23:47)라며 증언합니다. 이방인을 위한 복음서를 쓴 누가의 입장에서는 '하나님의 아들'보다는 '의인'이라는 법정 용어가 이방인들에게 더 설득력이 있다고 여겨졌을 것입니다.

예수님을 섬기며 갈릴리에서부터 따라온 여자들입니다.

"예수를 섬기며 갈릴리에서부터 따라온 많은 여자가 거기 있어 멀리서 바라보고 있으니 그중에는 막달라 마리아와 또 야고보와 요셉의 어머니 마리아와 또 세베대의 아들들의 어머니도 있더라."(마 27:55-56) 이들은 제자들이 모두 떠나간 자리에서 예수님의 수난과 죽음을 지켰으며, 무덤에까지 따라갔고, 새벽 미명의 시간에는 무덤에까지 향품을 가지고 갔던 사람들입니다. 이들은 예수님의 죽음에 아무런 말이 없습니다. 다만 흐느끼고 슬퍼했습니다. 사랑했던 분이 죽음으로 낙심하고 절망했습니다. 그러나 그들은 이 일의 목격자가 되었습니다. 그 당시는 슬픈 일이었지만 그 일은 하나님의 일로써, 예수님의 죽음은 실패가 아니라 승리요, 저주가 아니라 하나님의 복이었음을 목격한 최초 목격자가 된 것입니다.

아리마대 요셉입니다.

산헤드린 의원으로 선하고 의로운 요셉은 열 두 제자들이 도망쳐버린 상황에서 예수님의 시신을 장사지낸 사람입니다. "저물었을 때에 아리마대의 부자 요셉이라 하는 사람이 왔으니 그도 예수의 제자라 빌라도에게 가서 예수의 시체를 달라 하니 이에 빌라도가 내주라 명령하거늘."(마 27:57-58) 그는 고귀한 신분을 박탈당하고, 수모를 당할 지도 모를 위험을 무릅쓰고도 결연히 자원하고 나선 것입니다. 복음서나 심지어 사도행전에도 그의 이름이 더 이상 나오지 않지만 그는 가장 중요한 때, 그리고 꼭 필요한 때 주님의 제자로서 역할을 감당했던 사람입니다. 38년 된 병에서 해방되고, 오병이어를 얻어먹고, 죽은 딸이 "달리다굼!" 하시는 주님의 말씀 한 마디에 부활하는 놀라운 체험을 했던 회당장도 나서지 않은 그때에 그는 주님에 대한 사랑과 존경을 숨김없이 드러냈습니다. 이 아리마대 요셉의 이야기는 우리에게 큰 교훈과 감동을 주기에 충분합니다.

이처럼 그날 십자가 주위에서 주님을 지켜보고 있던 사람들은 이렇게 엄청난 차이로 갈라졌습니다. 그렇다면 우리는 어느 편에 서야 하는 것일까요? 그분은 진정 누구십니까? 예수님을 조롱하며 "지나가는 사람들"(39절)이나 대제사장들과 서기관들, 그리고 장로들이 만일 신앙의 눈으로 예수님을 바라볼 수만 있었다면 그들도 하나님의 자녀가 되었을 것입니다. 예수님의 처형을 똑같이 보았고, 주님이 하시는 말씀을 똑같이 들었으면서도 하나님의 자녀가 될 수 없었다는 건 참으로 크나큰 비극이 아닐 수 없습니다.

주님의 은혜로 구원받은 우리는 얼마나 행복한 존재들인지요? 짧은 세상을 살아가는 우리 모두는 이 사실을 절대 잊지 말고 구원의 감격을 가지고 살아갈 수 있기를 바랍니다. 아멘.

| **원형수**(전 감리교 호남연회 관리자, 저자의 스승) |

저자로부터 『내가 목마르다』라는 책을 선물 받고, 단숨에 읽었습니다. 두 가지 이유입니다. 하나는 책의 분량이 짧았기 때문이고, 다른 하나는 매우 흥미롭고 재미있었기 때문입니다. 대개 독자들이 서점에서 책을 구입할 때 책을 고르는 세 가지 선택 기준이 있습니다.

첫째, "이 책에서 얻을 수 있는 정보와 지식은 무엇인가?"

둘째, "이 책은 내게 어떤 흥미와 관심을 불러일으키는가?"

셋째, "저자는 자신의 주장을 논리적이고 설득력 있게 전개하고 있는가?"라는 것입니다.

그렇다면 '정학진 목사가 쓴 〈가상칠언-내가 목마르다〉는 이 세 가지 욕구를 충족시켜 주고 있을까'라는 관점에서 이야기를 풀어나가겠습니다.

첫째, '정보와 지식'의 문제

저자는 서문에서, "내 삶을 뿌리째 흔들며, 강렬하게 내 영혼을 사로잡고 있는 건 무엇일까? 나는 무엇을 위해 살고 있는가? 내 열정을 살아있게 흔드는 건 무엇일까? 무엇에 미쳐 살아가야 하는가?"라는 질문으로 시작합니다. 그리고 이어 "좋은 시를 쓰기 위해 칼로 자기의 눈을 찌른 당나라 시인 맹교의 이야기"와, "진짜 소리는 한에서 나오는 거"라면서, 딸에게 독약을 먹여 눈을 멀게 한 『서편제』의 소리꾼 이야기를 소개하면서 본문 내용을 열어갑니다. 결국 이 책은 자신의 삶을 강렬하게 사로잡고 열정을 불러일으키는, 그리고 "왜 살아가야 하는가?"에 대한 구도적 열정의 열매임을 암시합니다.

이런 뜻에서 이 책은 바닷속을 헤엄쳐 다니는 고기를 끌어올리는 그물망처럼 생생한 '정보의 샘'가로 독자들을 안내합니다. 저자 스스로 밝히기를 "교회마다 최소한 1년에 한 번은 듣게 되는 설교, 인터넷을 치면 수백 권 쏟아지는 같은 내용, 같은 본문, 생경한 것 없는 주제임을 소개하면서, 그럼에도 자신을 '가슴 뛰며 살아가게 한 이유와 의미가 무엇이었는가'를 풀어 갑니다.

단순히, 독자들에게 가상칠언을 소개하거나 통속적인 의미를 전하려는 것이 아니라, 골고다 언덕에서 일어나고 있는 그 현장의 신음과 고통과 절규를 재생시켜, 독자를 자신도 모르는 사이에 그 현장으로 끌어들입니다. 십자가상의 칠언 마디마디마다 신음과 고통과 절규가 무엇을 말하고 있는지를 전혀 새롭고 생생한 어조로 소개하고 있습니다.

수많은 설교자들이 이 본문으로 설교하였음에도 순서를 정확히 알고 있는 사람은 드물 것입니다. 이 책은 이런 이들에게 꼭 필요한 지식을 제공하는 묘미가 있습니다. 가령 가상칠언은 구조적으로 3개의 큰 기도기둥으로 형성되어 있는데 처음 말씀, "아버지 저들을 사하여 주옵소서"와 중간 말씀 "엘리 엘리 라마 사박다니", 그리고 마지막 말씀인 "아버지 내 영혼을 아버지 손에 부탁하나이다"는 명확히 기도문이라는 것입니다.

그리고 전반부 두 말씀인 "오늘 네가 나와 함께 낙원에 있으리라", "여자여 보소서 아들입니다"는 행악자와 어머니, 즉 타인에 관해서 하신 말씀이고, 후반부인 "내가 목마르다"와 "다 이루었다"는 자기 자신에 대한 말씀임을 명징하게 밝히고 있습니다.

이러한 구분 속에 가상칠언이 "누가복음과 요한복음에는 각각 세 마디씩, 마태와 마가는 오직 한마디 말씀만 기록된 이

유가 무엇인가?"라는 호기심 어린 질문과 함께 그 질문에 대답함으로써 일곱 마디 말씀에 대한 정보와 지식을 제공하고 있습니다.

둘째, '관심과 흥미'의 문제

러시아의 빅토르 시클롭스키(V. B. Shklovsky, 1893-1984)는 "문학을 문학답게 하는 문학성은 언어를 사용하는 방식과 관련된다"면서 '낯설게 하기' 방식을 제안합니다. 대표적인 사례로 일본 최대 전자업체 '소니'가 2013년 2분기 실적이 예상 밖 적자를 기록하자, 이를 보도한 신문 기사의 표제어가 "소니, 우니?"를 들 수 있습니다. 우리나라에서도 2007년 1월 16일 고건 총리가 정치 불출마를 선언하자, 동아일보는 '高, 스톱.'이라는 머리기사를 올려 큰 반응을 일으킨 적이 있습니다. 저자 역시 누구에게나 익숙한 가상칠언을 '낯설게 하기'란 기법으로 독자들에게 깊은 흥미를 유발합니다.

가상칠언 마디마디가 지금까지 일상 들어왔던 내용이었음에도, 전혀 새로운 느낌을 불러일으킵니다. 가령 3F, 3C, 4R, 3S, 3W, 3D 등으로 그 의미를 추적하고, 풀어놓음으로써 흥미를 증가시키고 있습니다. 사람은 어느 누구나 새로운 정보, 지식을 받아들일 때, 그것을 자기에게 숙달된 전달 통로를 통해 받아들입니다. 청중에게 익숙한 전달 통로란, 세 가지 구조로 이루어지는데 첫째, '결과', 둘째, '원인', 셋째, '해결책'입니다. 이 순서는 신문이나 TV 뉴스를 비롯한 모든 전달 체계가 이 순서에 따라 전달되는 데서도 확인됩니다. 저자 역시 청중에게 익숙한 전달 통로를 활용함으로써 관심과 흥미를 더욱 고조시킵니다.

예를 들면 "오늘 네가 나와 함께 낙원에 있으리라"는 말씀에서, "왜 주님을 행악자들과 함께 세워 공개처형을 했을까"라고 문제를 제기한 후, 그 원인을 찾고, 문제의 해답인 해결책, 곧 결론을 제시함으로써 독자의 흥미를 고조시킵니다.

셋째, '문장을 기술하는 저자의 필력'

고대 철학자 아리스토텔레스는 『수사학』에서 청중을 설득하기 위한 세 가지 설득 원리를 제시한 바 있는데, 이는 2천여 년이 지난 지금도 중요한 설득 원리로 인정받고 있습니다. 즉 합리적인 근거를 제시하는 로고스(Logos), 상대방의 감정에 호소하는 파토스(Pathos), 청중이 화자에게 호감을 가지고 긍정적인 평가를 받을 수 있는 에토스(Ethos)를 말합니다. 『내가 목마르다』는 바로 이와 같은 세 가지 원리를 잘 담아내고 있습니다. 그의 문장은 짧으면서도 명료합니다.

예를 들면 일반적인 설교집 판형은 46배판(B5)인데, 『내가 목마르다』는 그 절반인 46판(B6)임에도 석 줄 이상 이어지는 문장을 찾아보기 어렵습니다. 대부분 두 줄 이하로 간결합니다. 게다가 설교자들이 자주 사용하는 서론, 본론, 결론이라는 3단 논법보다 변형된 논법을 사용하여 설득하는 저자의 필력, 세련되고 품격 있는 표현력은 독자를 이야기 속으로 빨아들이는 힘이 강하여 그 자리에서 완독하게 합니다. 그러면 이와 같은 내용이 과연 실제적일까요? 저자의 가상칠언을 소개하면 다음과 같습니다.

제1언 "아버지 저들을 사하여 주옵소서."

저자는 서두에서 "예수님의 가상칠언은 유언"이라며, "한 인간이 남기는 마지막 마음속의 'X-Ray'"란 말로 시작합니다. 그리고 이어 "유언은 누가, 언제, 어디서 하느냐가 중요한 것인데, 가상칠언 중 첫 번째 말씀 속에는 복음의 진수, 기독교의 진리가 담겼다"라며, 3F로 풀어나가면서 '아버지라고 부르신 주님', '용서를 구하신 주님', '변호하시는 주님'에 대한 의미와 뜻을 소개합니다. 3F, 곧 '아버지라고 부르신 주님', '용서를 구하신 주님', '변호하시는 주님'에 대한 의미와 뜻을 소개하며, 바로 이 기도 속에는 "누구도 멸망하지 않고, 모두가 회개하고 영생 얻기를 바라는, 즉 죄인일지라도 돌아오기만 하면 살려주시려는 주님의 속마음이 담긴 기도"라고 결론 짓습니다.

제2언 "오늘 네가 나와 함께 낙원에 있으리라."

대부분의 설교자들은 두 행악자가 보인 반응과 예수님의 태도에 초점을 맞춰 가상칠언을 해석합니다. 그러나 저자는 "왜 주님을 행악자들과 함께 처형했는가?"에 대한 근원적인 의문으로부터 시작합니다. "우연히, 위로받게 하기 위해서인가? 아니면 죄수들에 대한 배려인가? 그도 아니라면 시간과 비용을 절약하기 위해서였나? 또는 십자가 처형의 정치적 목적을 달성하기 위해서인가?"라는 질문을 던지면서 '예언', '성취', 그리고 '죄인 구원'과 십자가 위에서까지 구원받을 기회를 주신 '하나님의 역사'로 해석하여 답합니다. 주님은 마지막 순간까지 모든 사람이 구원받길 원하셨다는 비밀이 그 속에 담긴 신비라는 해석입니다. 결론적으로 행악자는 어쩌다 구원받은 것이 아니라 그를 구원하시려는 하나님의 계획 속에 이루어진 것으로 "하나님은 모든 자가 하나님께 돌아오기를 원하신다는 뜻이 담겼다"라는 해석입니다.

제3언 "여자여 보소서 아들입니다."

이 책은 "그날, 그곳에 있던 사람들은 누구인가?"라고 묻고, 십자가 밑에 서있던 네 사람을 소개합니다. 그리고 뜻밖에도 이 말씀 속에는 "4인에게 각각 전하는 십자가의 메시지가 담겼다"라고 풀어냅니다. '살로메에게는 질책의 메시지', '막달라 마리아에게는 부활의 메시지', '요한에게는 책무의 메시지', 그리고 '어머니 마리아에게는 회복의 메시지'가 담겼다고 하면서, "그렇다면 이를 바라보는 독자들에게는 어떤 의미가 담긴 메시지인가"라고 실존적으로 묻고 있습니다.

제4언 "엘리 엘리, 라마 사박다니."

네 번째 가상칠언 말씀은 기도문입니다. 주님은 고통이 시작될 때, 고통이 극에 달했을 때, 그리고 고통이 끝나가며 거기에서 나오실 때 아버지께 기도하신 것입니다. 이 네 번째 기도문에는 세 가지 신비가 담겼다고 소개하면서, 세 가지 3S로 풀어 갑니다. '신비스러운 어둠', '신비스러운 고독', '신비스러운 무지'를 소개합니다. 주님이 돌아가실 때 그토록 확실한 계시가 있었음에도 십자가 주위에 있던 전문가들이 어떻게 '성경'에, '자신의 죄'에, '구원자'에 눈이 멀었을까, 비통한 어조로 탄식합니다.

제5언 "내가 목마르다."

가상칠언 중 가장 짧은 말씀이면서, 책의 제목이기도 한 이 말씀은 4개의 철자로 이루어져 있다며, 이 단어 속에 담긴 세 가지 계시를 흥미롭게 풀어 갑니다. 우리 주님은 과연 이 땅에 왜 오셨는가? 그렇다면 어떤 모습으로 오셨는지를 세 가지 양태, 즉 '인자로 오신 예수', '종으로 오신 예수', '죄인의 구세주로 오신 예수'의 계시가 담겼다는 것입니다. '진리와

정의', '생명과 구원', '전도와 사랑'에 대한 목마름이 없다면 '우리 역시 죽은 것'이라는 경고를 눈여겨봐야 할 것입니다.

제6언 "다 이루었다."

제6언은 그리스어 열 개의 철자로 구성된 '테텔레스타이' 곧 한 단어인데, 이 한 단어가 온 인류의 역사를 바꿔 놓았다고 주장합니다. 이 세상 어느 누가 30대 초반의 젊은 나이에 "다 이루었다!"라고 할 수 있는가를 묻고, 그 의미를 풀어 갑니다. 이 단어는 신약 성경에서 빈번히 사용된 말이며, 일상에서도 자주 쓰이는 말이지만, 예수께서 이 말씀을 사용하심으로 상상할 수 없는 의미와 뜻을 담게 되었다는 것입니다. 즉 인류 역사상 가장 무섭고, 잔인한 방법으로 처형당하셨을 뿐 아니라, 처절한 배신과 절망의 한복판에서도, '테텔레스타이!'를 외치심으로 승리의 개선가를 부르셨다는 것입니다. 비록 주님은 죽어 매장당하셨으나 부활하심으로 잠자는 자들의 첫 열매가 되셨고, 인류 구속의 대업을 완전히 이루신 것입니다.

제7언 "아버지의 영혼을 아버지 손에 의탁하나이다."

이 말씀을 끝으로 주님께서 운명하실 때, 세 가지 현상이 나타났다며, 그 의미를 3D로 풀어 갑니다. 세 가지 현상이란, '자연 현상', '예수의 죽음', 이에 대한 '주변 사람들의 반응'입니다. 주님을 조롱하는 사람들과 주님 편에 선 사람들로 구분하여, 이들에 대한 적나라한 현상을 마치 그림을 그려가듯 생생히 풀어냅니다. 그리고 이렇게 묻습니다. "예수님의 처형을 똑같이 보았고, 똑같이 들었음에도 하나님의 자녀가 될 수 없다는 것은 참으로 비극이 아닐 수 없다. 그날, 당신이라면 어느 편에 섰을 것인가? 어떤 시선으로 십자가를 바라보며, 어떤 고백을 했을 것인가?" 독자들로 하여금 이 같은 질문을 끊임없이 하게 만들고, 끝없이 묵상하게 합니다. 이 책은 마치 요한 제바스티안 바흐(J.S.Bach)의 'G선상의 아리아'의 마지막 선율처럼 긴 여운으로 남습니다. 사순절에 이 책의 서평을 쓰고 권하게 되어 감사한 마음입니다.